U0641015

现代旅游企业

经营⊙与管理实务研究

徐真真◎著

中国水利水电出版社
www.waterpub.com.cn
·北京·

内 容 提 要

本书从管理企业出发,以读者本位为宗旨,站在当代旅游企业发展的前沿背景之下,依托旅游企业管理方式的新发展,分析研究了旅游企业管理的理论和方法,初步形成了一套旅游企业管理的体系。本书主要内容包括:旅游企业管理概述、旅游企业战略规划、旅游企业日常工作管理、旅游企业营销策划、旅游产品策划与设计、旅游企业文化的塑造、旅游企业公共关系管理与危机预警等。

本书内容结构完整,叙述通俗自然,论述深入浅出,既适合专业的旅游企业管理人员作为提高阅读,也适合非专业人员作为学习之用,是一本值得学习研究的著作。

图书在版编目(C I P)数据

现代旅游企业经营与管理实务研究 / 徐真真著. --
北京 : 中国水利水电出版社,2017.4(2022.9重印)
ISBN 978-7-5170-5286-9

Ⅰ. ①现… Ⅱ. ①徐… Ⅲ. ①旅游企业-经营管理-研究 Ⅳ. ①F590.65

中国版本图书馆CIP数据核字(2017)第074589号

书 名	现代旅游企业经营与管理实务研究 XIANDAI LÜYOU QIYE JINGYING YU GUANLI SHIWU YANJIU
作 者	徐真真 著
出版发行	中国水利水电出版社
	(北京市海淀区玉渊潭南路 1 号 D 座 100038)
	网址:www. waterpub. com. cn
	E-mail:sales@waterpub. com. cn
	电话:(010)68367658(营销中心)
经 售	北京科水图书销售中心(零售)
	电话:(010)88383994、63202643、68545874
	全国各地新华书店和相关出版物销售网点
排 版	北京亚吉飞数码科技有限公司
印 刷	天津光之彩印刷有限公司
规 格	170mm×240mm 16 开本 16 印张 207 千字
版 次	2017 年 5 月第 1 版 2022 年 9 月第 2 次印刷
印 数	2001—3001 册
定 价	48.00 元

凡购买我社图书,如有缺页、倒页、脱页的,本社营销中心负责调换

前　言

　　中国幅员辽阔,同时又拥有五千年文明所沉淀的博大精深的文化底蕴,自然、人文旅游资源禀赋优异。改革开放之后,在丰富的旅游资源支持下,我国旅游产业发展迅速,国内旅游人数从1984年的约2亿人次增加到2016年的44.4亿人次,国内旅游收入也从1985年的约80亿元增加到2016年的3.9万亿元。2016年,入境和出境旅游人数分别达到1.38亿、1.22亿人次,产业规模不断扩大。目前几乎所有的省区市都将旅游业列入战略性支柱产业,85%以上的城市、80%以上的区县将旅游业定位为支柱产业,旅游业成为新常态下经济增长的重要驱动力,有着广阔的发展空间和发展前景。

　　截至2015年,全国A类旅游景区个数达到7000多家,旅行社27364家,星级饭店13491家。在产业融合发展、资本并购、连锁化经营、互联网＋等创新发展中,旅游新业态层出不穷,涌现出一批有竞争潜力的大型旅游企业,包括以华侨城、宋城等为代表的景区连锁经营商,以锦江、首旅、万达等为代表的综合性旅游商,以携程、去哪儿、同程、途牛等为代表的线上旅游服务运营商,产业体系日趋完善。

　　然而,越来越多的外国旅游企业进入我国旅游市场,在国外企业的冲击之下,我国旅游企业面临着前所未有的挑战。加强对旅游企业管理的研究,积极培养旅游企业管理的人才,提高我国旅游企业的管理水平和管理质量,是增强我国旅游企业国际竞争力的关键所在。

　　本书从管理企业出发,站在当代旅游企业发展的前沿的背景之下,依托旅游企业管理方式新发展,分析研究了旅游企业管理的理论和方法,初步形成了一套旅游企业管理的体系。该书虽系学术专著,但在撰写过程中力求深入浅出、详略得当,既适合专业的旅游企业管理人员作为提高阅读,也适合非专业人员作为学习之用。

本书分七章对旅游企业管理理论与实务进行了分析与研究,第一章是基础性内容,对旅游企业进行了概述;第二章从战略发展和规划出发对旅游企业管理进行了研究;第三章为旅游企业的日常管理,包括人力资源管理和财务管理两个方面的内容;第四章对旅游营销策划的相关内容进行了剖析;第五章是旅游产品的策划与设计,详细分析与研究了不同旅游企业产品的设计管理;第六章对国内外旅游企业的文化建设和管理进行了分析研究;第七章对旅游企业公共关系管理和危机预警进行了剖析。

本书在创作上主要有三个方面的特点:第一,本书对旅游企业管理进行了全面的研究,结构完整,自成体系;第二,本书虽系学术专著,但叙述通俗自然,议论深入浅出,适合大众阅读;第三,理论研究与实践相结合,具有较强的实践指导价值。

本书在撰写的过程中参考了许多专家、学者的已有论著和研究成果,限于篇幅未能一一注明,在此表示歉意。同时,由于作者才力、学力所限,书中难免存在不足和遗漏之处,在此真诚地希望各位专家学者和读者朋友给予批评和建议,不胜感激。

作　者

2017 年 3 月

目　录

第一章　旅游企业管理概述

旅游活动是伴随着社会生产力水平的提高而发展起来的。在人们的生产生活水平提高到一定程度以后,社会分工中就会出现相应的机构为人们的旅游活动提供相应的服务。在市场经济的条件下,这种服务机构主要是以企业为组织形式的旅游企业。它们根据人们的喜好和现有的旅游资源组织一定的旅游服务,使人们获得一定的精神享受。

第一节　旅游与旅游企业

旅游者要想进一步了解内外部环境变化条件下现代旅游企业的经营策略与管理实务,首先必须对旅游企业的类型与行业特点有所了解。

一、旅游活动

旅游活动本质上是人们的一种休闲娱乐活动,是在人们有闲暇以后才能产生的。随着现代社会经济活动的发展,人们生活水平的不断提高,各项与旅游相关的社会条件不断提升。人们能够以短暂的闲暇时间开展适合自己的旅游活动。因此,可以说,旅游活动是经济发展的结果。但是人们开展何种旅游活动还与社会文化相关。任何个人或群体进行任何旅游活动,都与一定的社会文化有着紧密的联系。旅游活动是社会文化活动的一个重要组成部分。综合来看,旅游活动是人们以经济活动为基础的以文化活动为表象的一种综合性社会活动。

旅游活动的概念具有狭义和广义之分。从狭义上看,旅游活动专指为了满足旅游者特定文化社会需求的一种活动,包括前往旅游目的地进行的包括衣食住行在内的所有经济社会活动。从广义上看,旅游活动除了旅游者的经济社会活动之外,还包括旅游企业为了开展自身业务而展开的旅游经营和管理活动。为了全书行文的方便,本书将介绍广义上的旅游经营活动。

二、旅游企业

(一)旅游企业的类型

旅游是旅游者脱离了自己的日常生活世界而进入旅游世界的一种体验,这其中需要各种经济实体为旅游者提供产品和服务,同时包括在旅游者的日常生活中也需要的服务。但就旅游世界本身的性质和特殊性而言,旅游企业主要有与旅游相关的娱乐企业、旅游管理企业、餐饮住宿企业、旅游商品经营企业和交通通信企业。

1. 旅游观光娱乐企业和辅助服务企业

(1)旅游观光娱乐企业

旅游观光娱乐企业是旅游业发展的核心组织机构。这类企业以向旅游者提供观光娱乐服务为基本的企业职能,典型的企业组织形式就是风景区和有一定特色的娱乐场所。可以说,旅游观光娱乐企业是吸引旅游者开展旅游活动的一个根本性因素。从狭义的角度来看,人们是为了度假、观光、休闲等需要才外出旅游的,如果一个地区没有相应的吸引物或者没有相应的组织去经营这些吸引物,游客是不会到来的。在旅游景区和景点提供游客所追求的核心产品是这些旅游企业通常会采用的赚取利润的方法,而销售门票是最集中的表现形式。因为门票收入是企业收入中的重要组成部分,而且门票收入在旅游企业的总收入中占据较大比例,所以大多数企业都会采取该种形式,最受欢迎的全球性主题游乐园见表1-1。

表1-1 最受欢迎的全球性主题游乐园

排名	投票标题	国家
1	迪斯尼乐园(Disneyland Park)	美国
2	欧洲主题公园(Europa Park)	德国
3	布希公园(Busch Gardens)	美国
4	冒险港(Port Adventure)	西班牙
5	乐天世界(Lotte World)	韩国
6	里瑟本游乐园(Liseberg)	瑞典
7	六旗游乐园(Six Flags Great Adventure)	美国
8	加达云霄乐园(Gardaland)	意大利
9	奥尔顿塔(Alton Towers)	英国
10	蒂沃利公园(Tivoli Gardens)	丹麦

长期来看,旅游学中的专业文献都将饭店、旅行社和旅游交通视为旅游业发展的三大支柱,并不是非常重视旅游观光娱乐产业在旅游业的地位。这种观念认识实质上给人们造成了一种极大的错觉,就是旅游业的主体部分是住宿、餐饮、旅行社和旅游交通部门。然而,如果没有旅游观光产业的发展,这些部门的存在就没有意义,或者根本就不可能存在,例如针对旅游观光服务的旅行社。这些认识不仅仅是理论上的,还在实践中产生了直接影响,阻碍了人们对旅游观光行业的正常认识,以至于影响到旅游观光的产业化进程。从旅游的需要来看,旅游观光娱乐产业的发展对于整个旅游产业来说都有重要的作用。有了这个产业,人们才会产生旅游的需要,其他相关产业才有发展的意义。

(2)提供辅助服务企业

与其他产业的关联性相比,旅游产业是一个关联性非常强的行业,会从主体产业之中衍生出多种产业为游客解决各方面的需求。这些衍生的产业称为辅助性产业,在客源地和目的地都有分布,如表 1-2 所示。

表 1-2 旅游辅助服务

服务地	服务于游客	服务于供应商
客源地服务	旅行保险	商业新闻
	旅行贷款	指南和时刻表
	签证和护照	CRS 酒店销售代表
	NTO 信息	分销小册子
	导游服务	NTO/RTO 支持
目的地服务	储蓄服务	旅游培训
	医疗服务	营销支持
	地方信息	专业融资

市场和这些活动的成熟度,因其所在国家和地区的不同而有所不同,很多国家旅游局(NTO)和地州级旅游局(RTO)的活动就是一种政府的垄断行为,其旅游业的目标一般就是游客收入的最大化。国际化供给的一个重要领域是 CRS(Computer Reservation Systems),它建立在航空预订系统基础上,在住宿膳食、汽车租赁等方面采用一体化单一终端接口。像旅行代理商这样的卖家,由于覆盖地域范围很广,因而使用 CRS 价值更大。CRS 行业已被少数寡头集团垄断,他们的系统覆盖全球,支配整个市场。这些系统大部分相互联网,并且以最大化市场覆盖率作为企业目标。

2. 旅行社

旅行社是经过国家旅游主管部门和工商行政管理部门批准,已发登记的从事旅游者招揽和旅游活动组织具有企业法人资格的经济组织。

旅行社是旅游行业发展的龙头企业,其主要任务是联系客源,接待旅游者,向旅游者提供活动组织和导游等服务。旅行社的客源组织能力对于各种类型的旅游企业来说都有重要的经营效果推动作用。总体上,旅行社的功能体现在以下几个方面。

第一,设计并安排旅游线路,根据旅游者的需求设计旅游产品线路,向旅游者提供导游与陪同服务等。

第二,推出旅游中介服务。旅行社是旅游产品进入流通领域的一个重要经营商,为旅游产品的价值实现提供便利,为旅游者护照申办、签证办理、外汇兑换、海关查验和旅行票据办理等方面提供一定程度的方便。

第三,提供旅游信息咨询和反馈。作为旅游产业的一个重要桥梁和纽带,旅行社起着信息交流中枢的作用,向旅游者提供信息咨询和具体企业信息反馈。旅行社在旅游产业之中是一个重要的信息港,对于供求双方都有一定的信息掌握。

3. 餐饮住宿企业

旅游业中出现最早的服务单位是住宿企业。早在其他单位没有出现以前,旅游活动中就有了餐饮住宿企业,它为来往的游客提供了必要的餐饮和住宿服务。餐饮和住宿企业所提供的产品是多种多样的,从没有任何服务的野外宿营到普通酒店,再到豪华酒店,旅游住宿的产品之间存在着巨大的差异。企业类型也不相同。从国家所有制的国家公园(它可能不谋求任何经济利益,向社会免费提供产品)到个体户或者家庭旅馆,乃至追求利润最大化的跨国公司。住宿企业的产品一般由以下三个亚产品构成(图 1-1)。

这三种亚产品组合的方式控制着某一特定住宿产品的市场定位。假定一家豪华游轮主要载着乘客们经停各地港口,它可能直接与某旅游度假酒店产生竞争,而这期间资产便是唯一的区别。越来越多的住宿提供商认为他们所提供的是相互分离的亚产品。酒店管理集团希尔顿或者凯悦提供的是住宿服务和通过产品及其市场活动所体现的自身特色的各个方面,但是资产却属于不同的企业所有。

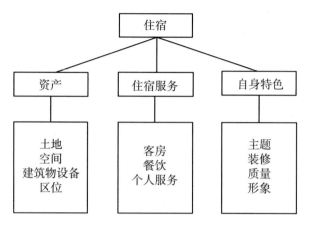

图 1-1　住宿产品的构成

住宿企业之间的竞争依赖于所覆盖的地域市场。大多数住宿产品只面对国内市场,有时甚至只面对本土市场。在这种情况下,资产、住宿和其他服务方面的竞争程度依赖于市场规模的大小,而且很有限。同时,价格也反映当地情况。当住宿提供商服务于国际市场时,它们便与其他国家的供应商以及其他大而有效率的供应商形成竞争,并且消费者需求模式可能发生很大的改变。这种结构尤其适合于以下几种情形:跨国酒店集团(如假日、喜来登、华美达和地中海俱乐部);跨国特许经营集团(如最佳西方);专有的、高质量的供应商,它们的价格与风格决定了他们的需求只是针对特定的客户群体(如巴黎豪华饭店、冠达游轮公司);国际分时协会。住宿企业垄断经营的例子很少,因为即使是在集体经营国家中,政府也意识到允许企业展开竞争有利于促进旅游业的发展。

4. 交通和通信企业

交通与通信两类企业是旅游业实现旅游者和旅游信息空间移动的一个重要载体。两类产业在世界范围内的发展使得旅游者和旅游目的地的时空距离大大缩短。人们相互之间往来的欲望也更加强烈,同时也更容易实现了。可以说现代旅游业的快速发展与这两类企业在技术上的革命性发展是分不开的。发达国家,国际旅游主要以航空交通方式为主,自驾车方式也占相当大的比例。而国内旅游则不然,自驾车占绝对优势(表1-3)。

表1-3　主要发达国家旅游交通方式

国家	国际旅游(%)			国内旅游(%)		
	航空	自驾车	其他	航空	自驾车	其他
美国	58	38	4	18	77	5
日本	99	0	1	4	57	39
英国	51	261	23	2	80	18

在欧洲,大多数大型航空公司都部分或者完全地受政府所控制,航空公司利润最大化的目标常常受制于政治上的考虑,如提供"社会必须"的航空服务或者开通一些带有"爱国"色彩的航线。20世纪90年代后政府对航空业的管制开始放松,经营包租业务的航空公司,如斯特林航空公司、不列颠航空公司、Aero Lloyd航空公司等应运而生。经营定期航班业务的航空公司主要经营商务游客所使用的航线;包租航空公司专注于服务观光游客,把游客从北欧人口聚集的客源地,成批成群地运送到目的地。这些航空公司:实施低价格、高客座率的经营策略;通常把航空服务包含在包价旅游产品中;公司所有者通常是旅游经营企业;淡季时,提供一些定期航班服务或者把飞机租给其他公司。

在世界其他国家和地区,许多对于旅游业至关重要的航空公司都是国有航空公司。如果航空公司为政府所有,公司可能会成为国际外交政策或贸易发展的牺牲品,所以其经营目标不可能纯粹以商业利润为目的。然而随着私有化程度的不断提高和竞争的加剧,航空公司不得不提高效率,从而迫使其目标更趋近于利润导向,以适应市场需要。共享飞行编码、联合经营或者与其他公司合并已经成为趋势。20世纪90年代期间,联合航空公司、英国航空公司和荷兰航空公司都在这些方面有大的动作。到现在,全球主要国际航线的客运服务由为数不到20家的航空公司提供。

公路、铁路和海运业经历了政府所有、管制、目标重估、放松管制、私有化、竞争几个阶段。旅游海运与游轮观光明显不同,其重要性也相对小一些(一些航渡服务的海域除外)。由于人口密度高、铁路网发达,铁路运输对于欧洲和日本国内旅游具有重要意义。

5. 旅游商品经营企业

旅游商品是旅游者在旅游目的地国家或者地区旅游过程中购买各种物品,主要有旅游工艺品、纪念品、古玩以及其复制品、土特产、日用品和其他商品。这些商品在使用价值上与其他消费品没有根本的区别,但是在文化价值上却和其他产品存在明显差别。因此,旅游商品需要强调产品设计中的独特性、文化性、纪念性和艺术性,要突出其与一般商品在价值上的差别,这样才有益于这些商品的发展。

6. 互联网旅游服务商

在信息技术的推动下,旅游企业经营活动已经扩展至线上,出现了互联网旅游服务商。这些旅游服务商以信息技术为载体,一方面积极推广自己企业的产品与线路,另一方面则与其他企业合作共同服务于旅行者。这类旅游商中知名的有携程、途牛、驴妈妈等。它们借助信息技术的便利条件,把交通服务、住宿服务、旅行线路等结合起来,向客户推广,为客户提供更加优良的旅行产品体验。

7. 综合性旅游服务商

一些较大规模的企业借助自身在全国的信息便利和基础设施便利,开始在全国范围内推广综合性旅游服务,如万达集团、星美影院等。这类企业有雄厚的资金实力和便利的基础设施。他们将这些资源集中起来为旅行者服务,具有优于互联网旅游服务商的优势。因为这种企业可以统一管理标准和服务标准,在价格制定和服务产品推广上优势非常明显。

(二)旅游企业的行业特点

1. 多变性

旅游产业的服务对象是游客,而游客是最不稳定最易变的因素。这些企业的顾客来源和层次也不尽相同,并且千变万化。这些顾客的旅游需求不同,并且随时都在变化。同时企业员工的素质也不相同,需要多样并且富于变化。对于同一项服务,不同的员工会有不同的理解,因此这些员工的服务质量也会大有差异。而且这些员工在不同的情绪状态下,又会产生不同的服务效果。所以,现代旅游企业必须要适应不断变化的内外部环境,采取各种管理措施,以取得最好的管理效果。

2. 超前性

旅游需求与温饱、安全等方面的需求不同,它是一种非基本需求,而且具有较强的季节性与替代性。旅游地的经济发展状况和其旅游业的发展态势直接决定旅游企业的发展水平。所以现代旅游企业必须具有高度的前瞻性,要进行大量的调查研究,并进行实地分析,以求正确把握当地经济与旅游的发展方向,并制定出科学的经营战略和策略。同时,要合理的引导消费,创造需求,以引领新潮流。

3. 整体性

现代旅游企业的对客服务是一种系统的整体服务,它是一种多个部门,多种功能协同的服务。一位顾客从进入饭店开始到他最后离开饭店,企业的管理与服务必须具有整体效果,不能在一个过程、一个环节中出现差错,即使是在一个极其微小的细节中出现差错都有可能引起顾客的不满。所以现代旅游企业必须着眼于本身的整体性和系统性,合理地解决整体与部分、部分与部分之间的相互关系。实施严密系统的管理,以求得最佳的整体效益。

4. 服务性

现代旅游企业是向顾客提供特殊商品（即服务）的企业，而这些特殊商品又都是由固定的有形设施组成的产品，它们不能离开物的形式而独立存在。

因此，企业服务质量的优劣，直接决定了顾客对产品的认可程度。所以，服务管理是现代企业管理中最为重要的一个部分，它也是现代旅游企业管理的一个重要特色。

5. 相互依赖性

为了给旅游者提供一次完美的服务体验，旅游企业之间需要密切配合，同时，旅游企业之间还具有较强的相互依赖性。就像饭店或度假村的发展离不开旅游交通如铁路、公路和航空部门为其输送旅客。下图（图 1-2）显示了旅游企业各组成部分相互之间以及它们与旅游行业组织之间是如何相互协调、相互依赖的。

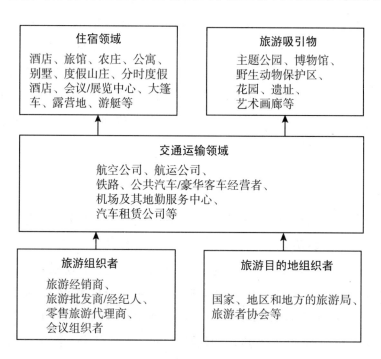

图 1-2 旅游企业的相互依赖关系示意图

第二节 旅游企业管理及其基本理论

一、旅游企业管理体系

没有战略的企业就像在险恶天气中飞行的飞机,始终在气流中颠簸,在暴风雨中穿行,最后很有可能迷失方向。对于旅游企业而言,没有明确的管理体系,整个企业的运行就会杂乱无章,不利于企业的长远发展,因此,有必要对旅游企业的管理体系作进一步的了解,确保企业能够在变化多端的环境中,保持正确的前进方向,进而实现更大的利润,取得更好的效益。

(一)旅游者活动管理

旅游者活动管理,主要以旅游者活动为中心,遵循旅游者流动的规律性,加强对旅游者活动的策划和组织,科学引导旅游者的文明旅游行为,为旅游者提供优质、诚信的旅游服务和旅游安全管理,保证旅游者活动顺利而有效地进行。因此,旅游者活动管理就是针对旅游者活动所进行的管理,包括对旅游者行为分析、旅游者活动组织、旅游服务和旅游安全等方面进行的管理。

1. 旅游者行为分析

旅游者活动在本质上是满足旅游者对愉悦、审美、休闲、度假等方面的追求,因此必然引发旅游者行为表现出与其他人类活动不同的行为特征。在情感原则的支配下,旅游者行为具体表现为以下几个方面的特征。

旅游目的多样性。旅游目的是决定旅游者动机与行为的内在因素,因此不同的旅游目的必然决定旅游者具有不同类型的动机与行为。根据旅游目的的不同,一般可以将旅游者划分为知识文化型、公务型、消遣型、健康身体型和探亲访友型。

旅行方式便携性。在旅游者活动中,虽然不同的旅游者对旅行方式有不同的选择,但总体来看,旅游者对旅行方式的普遍要求是便捷性,包括旅游过程的安全、快速、方便、舒适和经济。

旅游消费攀高性。对旅游者活动进行的研究表明,旅游者在旅游过程中具有明显的消费攀高倾向,即使是平时消费比较节俭的人在旅游过程中都表现出不同以往的慷慨大方。造成这种现象的原因很多,有的是因为受"从众心理"的影响,有的是受其他消费者消费行为的"示范作用",有的还可能是出于旅游者自身的考虑,如不愿使整个消费过程因自己的窘迫而受到影响。

旅游行为影响性。旅游者活动是一种跨文化的体验,尤其是当旅游者以一国或异乡人的身份去往旅游的目的地进行旅游时,他们经常会感受到旅游目的地的文化与其所在国的文化之间的差异性,他们会采取不同的态度和行为来对待这种差异性,即从体验顺应文化的差异到漠视或干预旅游目的地的文化。

2. 旅游者行为管理

现代旅游的蓬勃发展使得旅游地在满足消费者的旅游需求,促进旅游目的地取得经济效益的同时,也使这些旅游地面临着许多问题,诸如对旅游资源、设施环境的破坏和影响等。尤其是少数旅游者的非理性旅游行为,不仅造成旅游地人群拥挤交通瘫痪,甚至使得当地文化遭受严重摧毁,对自然环境造成污染与破坏,这不仅增加了保护文化遗产和自然环境的难度与经费支出,也不符合旅游可持续发展的目标与追求。对旅游者进行的调查研究发现,目前旅游者的非理性旅游行为主要集中在以下几个方面。

旅游活动中缺乏自我行为约束。旅游是一种放松身心、陶冶情操的社会文化活动,既要轻松愉悦,同时要讲究社会公德,尊重旅游目的地的法律、政策、法规以及文化习俗。然而,有些旅游者在旅游过程中,一切以自己的习惯和喜好为出发点,无所顾忌,缺乏理性的自我行为约束。甚至忽视社会公德,不尊重当地的文化习俗,违反当地的法规和规定,出现不良的旅游行为。

选择旅行社时"重价格而轻品牌"。旅行社所推出的旅游线路,一般都是由酒店、交通、餐饮、门票、导游服务等许多旅游要素所组成的。由于各旅行社组合旅游要素的成本不同,往往使得同一条旅行线路可以有多种不同的价格。有些旅游者在进行购买决策时,往往过分看重旅行社的报价,而忽略旅行社的品牌、信誉和质量,即哪家旅行社的价格便宜,就参加哪家旅行社组织的团队。这种过于注重价格,而轻品牌、信誉和质量的决策行为,导致有些旅行社抓住某些旅游者贪图便宜的心理,大玩价格游戏,以模糊合同约定和低价招徕客人。一旦成交后,就以各种方式或降低接待服务标准,或增加自费旅游项目,甚至不严格履行合同等,最终吃亏上当的还是旅游者。尽管有的旅游者通过旅游投诉而获得了一定的赔偿,但已造成旅游者身心的不愉快。

选择旅游路线时"趋热避冷"。目前,随着收入水平的提高和生活质量的改善,外出旅游已成为人们休闲娱乐的重要方式。我国是一个人口大国,出游时间的集中性往往不可避免地会给交通、住宿、景区等方面带来巨大的压力。尤其是我国近几年实行的"春节""五一""国庆"的一周休假制度,使人们出游的时间相对集中于三个"黄金周"时段。随着众多旅游者在选择旅游线路时的"趋热避冷"行为,一窝蜂地趋向少数知名的旅游胜地,造成这些地方交通拥挤、住宿紧张、旅游景区人满为患。一方面,使这些旅游区的生态环境、旅游设施因接待人数超过容量极限而受到一定的损坏;另一方面,也影响了旅游者活动的质量,甚至造成旅游价格大幅上升,使旅游者活动的实际价值和效果相应降低。

综上所述,针对旅行者活动中的非理性行为,必须对旅游者行为加强管理。旅游者行为管理,就是在旅游者的旅游活动中,通过引导旅游者观念,规范旅游者行为,加强对旅游者的管理,使旅游者形成文明行为的习惯,从而达到保护旅游资源和环境,尊重旅游目的地的法规和当地民族风俗习惯的目的。因此,需要通过引导旅游者的文明旅游行为,加强对旅游者行为的有效管理,形成旅游者文明旅游地观念、行为和氛围。

(二)旅游服务管理

1. 旅游服务的内容和作用

旅游服务,是指旅游目的地、旅游企业和旅游行业职工凭借一定的物质资料,以提供服务性劳动为主要形式,以最大限度地满足旅游者需求为目的,在旅游者活动过程中所提供的有关食、住、行、购、娱等服务的总和。旅游服务贯穿于旅游者活动的全过程,既是现代旅游发展的生命线,也是现代社会服务的重要组成部分,在旅游产业发展中具有重要的地位和作用。

旅游服务作为一种直接面向旅游者的综合性服务,通常是围绕旅游者活动中有关食、住、行、游、购、娱等多样性需求和消费而进行的。因此,尽管对旅游服务的内容有各种各样的分类方法,但从旅游者需求和消费的角度看,其内容一般可划分为旅行社服务、住宿餐饮服务、游览度假服务、交通运输服务、旅游购物服务、休闲娱乐服务及其他服务等。

(1)旅行社服务

旅行社服务,是专门从事招徕、接待国内外旅游者,组织旅游者活动的专门性旅游服务。旅行社作为现代旅游业的重要阵地,不仅负责旅游产品的组合、设计和营销,直接向旅游者提供有关信息咨询、旅游预定、活动组织、旅游导游等专门性旅游服务,而且在整个旅游经济活动中带动和促进旅游交通、住宿餐饮、景区景点、旅游购物等其他相关行业的发展。因此,旅行社在旅游服务和旅游产业中占有十分重要的地位。

(2)住宿餐饮服务

住宿和餐饮服务,是旅游者活动中最基本的需要,也是旅游产品的重要组成内容。旅游者在旅游过程中对住宿餐饮的需求与日常不同,通常需要由专门的企业来提供住宿餐饮服务,而旅游饭店正是为旅游者提供住宿餐饮服务的重要企业。因此,旅游饭店的数量和规模大小、服务质量和水平高低、服务内容是否配套、卫生状况及环境的优劣、经营管理状况的好坏等,不仅标志着一个国家或地区旅游服务接待能力的大小,而且直接反映了其旅游产业的发展规模、发展水平和成熟程度。

(3)游览度假服务

游览度假服务,既是现代旅游服务贸易的核心内容,也是吸引旅游者进行旅游的根本性因素。随着现代旅游的发展,不论是纯粹的休闲度假、观光旅游、生态文化旅游等,还是依托商务会展、科学考察的其他旅游活动,都要求提供相应的游览度假服务,包括旅游景区景点的游览观赏、导游讲解、信息咨询、餐饮娱乐、安全卫生等各种服务。因此,只有提供种类齐全、质量好、水平高的游览度假服务,才能充分满足旅游者的各种旅游需求,促进旅游业的健康发展。

(4)交通运输服务

交通运输服务,是实现旅游者空间移动的重要前提和基础,没有发达的交通服务就没有发达的旅游产业。特别是旅游交通运输服务,要满足旅游者舒适价廉、方便快捷、愉悦安全等方面的旅游需求和消费,不仅在交通工具、运输方式等方面要达到满足运送旅游者的基本功能,而且要提供高质量的交通运输服务,才能更好地满足旅游者"旅速游缓"的旅游需求。因此,交通运输服务也是旅游服务的重要内容。

(5)娱乐休闲服务

现代旅游是一种以休闲为主的度假、观光及娱乐活动,因而提供丰富的娱乐休闲服务是旅游服务的重要内容。随着现代科技的进步和经济社会的发展,娱乐休闲旅游需求的比重日益扩大,在满足旅游者的食、住、行服务需求和消费的基础上,不仅要求提供各种高档次的娱乐休闲设施和设备,以满足人们娱乐休闲的旅游需求和消费,同时还要求不断增加和丰富娱乐休闲的内容,提高娱乐休闲的服务质量和管理水平,更好地满足人们的旅游需求,适应现代旅游发展的需要。

(6)旅游购物服务

购买旅游地的各种工艺品、纪念品、文物复制品及地方土特产品,既是现代旅游者活动的重要内容之一,又是旅游服务的重要组成部分。随着现代旅游者购物需求的日益增加,以及各种旅游商品生产和销售的发展,出现了大量的旅游商品和购物场所,形成了轻工业、商业和旅游业相结合的旅游商品生产和购物服务系统,不仅为旅游者提供了更多的旅游商品,也丰富了现代旅游服务的内容,促进了旅游产业和旅游服务的发展。

(7)其他旅游服务

除了以上的旅游服务外,旅游者在旅游过程中还会涉及许多相关的服务,如邮电通信、外汇兑换、医疗急救、商务活动、教育培训等方面的服务。这些服务的提供,进一步丰富和完善了旅游服务的内容,从而在满足旅游者需求的同时,增强了旅游目的地的吸引力和市场竞争力。

2. 旅游服务的重要作用

随着现代旅游的迅速发展,旅游服务不仅在旅游发展和社会服务中占有越来越重要的地位,而且在增加外汇收入、带动相关产业、促进经济社会发展等方面都发挥着十分重要而积极的作用。

(1)旅游服务是旅游发展的重要内容

现代旅游的发展,既离不开大量的旅游者,也离不开提供这些服务的供给者,二者共同构成现代旅游市场的主体,成为旅游发展的主要力量。如果没有良好的旅游服务,即使旅游资源比较丰富和富有特色,仍然不会吸引大量的旅游者观光消费。因此,旅游服务是促进旅游发展的重要动力,也是旅游发展的重要内容。

通常旅游发达的国家或地区,不仅旅游服务质量好、水平高,而且旅游服务的内容也成龙配套,能够较好地满足旅游者的旅游需求;而旅游欠发达的国家和地区,旅游服务的质量和水平往往成为影响与制约旅游发展的"瓶颈"因素。随着国际贸易自由化发展和现代旅游的快速发展,旅游服务已成为旅游发展和国际贸易的重要组成部分,许多旅游起步或初期发展的国家和地区,都通过引进旅游发达地区旅游服务的先进技术、管理和经验,来加快自身旅游服务的发展。

(2)旅游服务促进旅游外汇收入增加

旅游服务与物质产品和其他服务的出口比较,具有创汇能力强、换汇成本低等突出特点,因此旅游服务成为世界各国鼓励发展的新兴服务业的重要内容,并将其作为增加外汇收入的重要手段而加速发展。尤其在当今国际旅游和世界贸易竞争激烈、非关税壁垒林立的情况下,旅游服务贸易已经成为世界各国增加外汇收入的重要渠道。

(3)旅游服务带动相关产业的发展

旅游服务的关联带动效应很强,在带动第三产业迅速发展的同时,也带动了物质生产部门的发展。随着当今世界旅游业和服务贸易的快速发展,旅游服务可以直接或间接地带动建筑、邮电、金融、地产、外贸、轻纺工业、交通运输等相关产业的投资,创造更多的劳动就业岗位,为社会提供大量的就业机会等,从而带动相关产业的发展。

(4)旅游服务促进经济增长与发展

随着旅游经济成为世界经济的重要组成部分,旅游服务在促进社会总产品的实现以及对世界经济发展方面也产生着日益重要的作用,并直接促进各国的国民经济发展,为世界经济增长与发展做出重要的贡献。

(5)旅游服务增进国家之间的交流与合作

旅游服务不仅促进了世界各国人民的相互了解,而且在协调国家关系和缓和国际危机、争取世界和平等方面也具有积极的促进作用。一方面,积极发展旅游服务出口,可以使外国旅游者对旅游服务出口国有进一步的认识和了解,可以提高旅游服务出口国在国际上的地位、影响力和知名度。另一方面,可以加强旅游服务出口国与世界各国的广泛联系,促进各国之间社会信息得到充分的交流和传播,促进人们的思想观念和生活方式发生变化,从而增进国家之间以及人民之间的友谊,推进和世界各国之间的经济、科技、文化、信息方面的广泛交流与合作。

(三)旅游企业的组织结构与流程设计管理

组织是管理的基本职能之一。旅游企业一旦决定了企业的计划或目标就应该建立一种最有利于目标实现的组织结构。

建立正确的组织结构和工作环境,对于一个旅游企业来说是至关重要的。

1. 旅游企业的组织结构

(1)旅游企业组织结构设置的原则

①适应经营任务需要的原则

不同旅游企业经营业务的数量大小、目标市场等都有较大的差异,组织机构和岗位的设置要以自身业务发展的需要出发,不能照搬照抄。比如国际旅行社和国内旅行社的部门设置就不一样,经济型酒店不必设置宴会厅、健身房,甚至餐厅都可以不设置,但是四星级和五星级酒店就需要有比较全面的设施。

②适合管理能力和管理环境需要的原则

当上层管理者的管理能力(包括知识、经验、信息沟通等)强,面临的环境相同或相似时,可采取集中决策的组织机构。相反,上层管理者的管理能力弱,下属分支机构又分散在不同的环境时(包括语言、法律制度、社会风俗、技术水平等),可采取分散决策的组织机构。实际上,集中决策与分散决策的组织机构都各有优缺点,对于比较大的旅游集团公司,在组织机构设置时,如何合理地选择集权与分权是十分重要的。

③权责一致的原则

职责是指职务的责任、义务,职权是指为完成其责任所应具有的权力。只有职责没有权力,管理者不可能承担起应有的责任;相反,只有权力没有责任,就会造成滥用权力、瞎指挥等恶果。所以,组织机构的设置要求做到权责分明,逐级分权,分层负责,提高工作效率。

④命令统一与协调的原则

一个好的旅游企业,命令的发布权只授予一个人,每一位员工应该只有一个上司。命令统一原则在具体实行过程中,要注意各级管理机构在业务行政上都必须实行领导人负责制。具体地说,一个下级只能接受一个上级的直接指挥,一般管理人员对本部门的直接领导负责,以避免出现多头指挥和无人负责的现象。为保持旅游企业的有效运转,各级管理部门都不应该越级指挥。

⑤管理层次与管理幅度原则

管理幅度就是一名上级领导者所能直接、有效地领导下级的人数是有限的,因为一个人的能力和精力是有限的。从这个意义上说,一个旅游企业管理层次的多少,主要是由组织拥有的人数决定的。一名旅游企业的管理者,能够领导多少管理者,还取决于上下级工作标准化与程序化程度、信息沟通方式和工作班次、工作能力以及外部环境的改变速度等多种因素。

⑥工作专业化分工原则

要使得不同的员工持有的不同技能得到有效的利用,就必须对工作进行专业化分工。在大多数组织中,有些任务可由未经训练的人来完成,但是另一些任务则要求具有高度熟练的技能。正像你很少看到一位外科医生在做完心脏手术之后还要去缝合病人一样,做完心脏手术之后的一些缝合性工作,通常是由那些旨在提高学习技能的实习医生来完成的。工作专业化的早期拥护者将其视为提高生产效率的一种方式。在 20 世纪和更早的时候,由于专业化没有得到普遍推广,这一结论毫无疑问是正确的,因此应用它通常总能产生更高的生产率。但是需要注意的是,在某一点上,由于工作专业化产生的人性不经济性(它通过低生产率、劣质品、无聊、疲劳、压力、常旷工和高离职流动率等表现出来)会超过专业化的优势。

(2)旅游企业组织结构的基本类型

①直线制组织结构

早期的管理学者主张每个下属应当而且只能向一个上级主管负责。一位向两个或更多个老板报告的职员将要处理相互冲突的要求或轻重缓急的问题。很少有违反指挥链原则的情况出现,早期管理学者一贯明确地为每个员工指派他所应从事的具体工作,并且明确所要对其负责的上司。当组织规模较小时,指挥链概念是十分明确的。它在当今许多情况下仍是一个合理的忠告,而且有许多组织严格地遵循这一原则。在一些小旅游企业,直线制结构的使用比较普遍。

直线制组织结构的特点是:组织中的各种职位是按垂直系统直线排列的,上级直接领导下级,上级命令层层下达,上级几乎没有助手。下级按上级命令办事,并向直接领导汇报。它要求主要领导必须是万能博士。这种组织结构的优点是比较简单,指挥统一,上下级关系和权责明确,便于监督,联系简捷,决定迅速。缺点是要求总经理要有多种知识和才能,能亲自处理各种任务,在企业规模扩大、经营业务复杂、技术要求较高的情况下,个人的能力就无法应对。一般而言,在一些小型旅游企业中,这种结构比较常见(图1-3)。

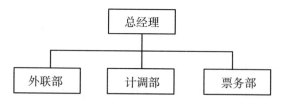

图1-3　某小旅行社的直线制组织结构图

②直线职能制组织结构

直线职能制组织结构由两类部门组成，一类是职能部门，一类是业务部门。职能部门不直接参与旅游服务接待工作，主要包括财务、人力资源、公共关系等部门。业务部门指直接负责旅游服务接待工作的部门，如酒店的前厅、客房、餐饮部，旅行社的计调部等。直线职能制组织结构的特点是：领导指挥统一；职能部门对下一级部门在行政上没有领导关系，但在业务上却负有指导的权力和责任；各级组织在行政上保持相对的独立性（图 1-4）。

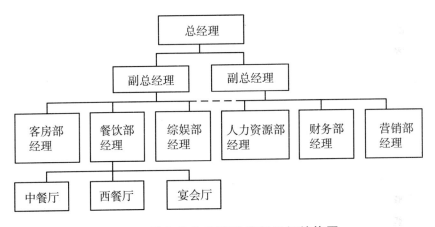

图 1-4　某企业的直线职能制组织结构图

③事业部制组织结构

事业部制组织结构是现代企业规模不断扩大和经营国际化的产物，当前国内和国际上较大的旅游企业比较多的采取了这种组织结构形式，事业部制组织结构也叫分权事业部制。分权事业部制的管理原则是"集中决策，分散经营；集中政策，分散管理"，即在集中指导下进行分权管理。在事业部制的结构下，旅游企业按地区（或业务）分别成立若干事业部，即拥有独立自主经营权的子公司。这些子公司具有三个基本要素，即相对独立的客源市场，相对独立的经营利润，相对独立的经营自主权。否则，就不能算是事业部（图 1-5）。

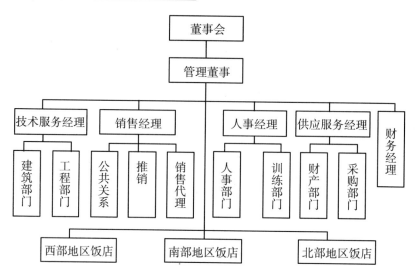

图 1-5 某连锁饭店的事业部制组织结构图

分权事业部制是在管理体制上由集权向分权转化的一种改革。

④矩阵式组织结构

下图(图 1-6)就描述了一个航空公司的矩阵式组织结构:

图的顶端是工程、会计、人力资源、制造等一些耳熟能详的职能部门,沿垂直方向却是一些航空公司近期正在开发的项目,每一个项目都由一位经理领导,这位经理依靠从职能部门抽调来的人员开展工作。通过把垂直方向的部门加到传统的水平方向的职能部门这种方式,使职能要素与产品部门有效结合在一起,从而形成了矩阵结构。

矩阵式结构的一个独有特征是,一个员工至少有两个上司:项目经理/职能部门经理和产品项目经理对其项目小组中的所有职能人员拥有领导权,但是职权是由两位经理分享的。通常,项目经理对项目小组成员拥有与项目目标有关的职权,但是其他诸如职位提升、薪酬建议、年终评议等决策依旧属于职能经理的职责。为了更有效地工作项目经理应当定期与职能经理进行沟通,使在项目小组中工作的员工能够更好地安排自己的工作,避免工作上的冲突。

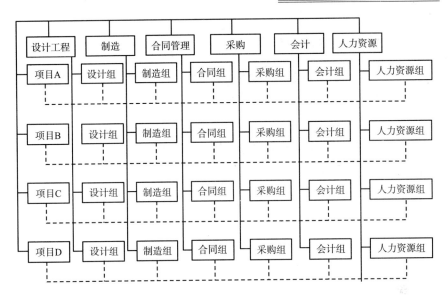

图 1-6 某航空公司的矩阵组织

矩阵式结构的优点是：在促进多重的、复杂的并需要相互支持的项目合作的同时，仍保留将职能专家聚在一起工作。主要缺点是：它带来了组织的责权结构混乱，并导致组织内部的权力斗争。

企业内部组织机构的设置，可以依据职能、产品、顾客、地区和流程划分，而旅游企业甚至可以同时利用多种划分要素进行部门的设置。以下就是北京某国际旅行社的组织结构设置情况，它同时依据地区、顾客、产品对部门进行了划分（图 1-7）。

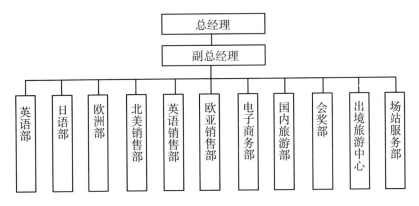

图 1-7 某国际旅行社的部门设置图

2. 旅游企业的流程设计

任何一个企业,包括旅游企业在内,首先都必须进行计划、组织、领导、控制活动的设计,这四项基本的管理活动涵盖了企业运营的全过程。就旅游企业而言,除上述四种管理活动外,还需进行企业质量管理、企业经营管理、企业营销策划管理、企业人力资源管理以及企业文化管理。

企业质量管理涉及企业的全面质量管理和服务质量管理,企业经营管理涉及企业的经营形式的选择和经营理念的发展,企业营销策划管理涉及企业的营销组合、营销策划与营销创新等内容,企业的人力资源管理涉及企业员工的招聘,员工的培训与开发,员工的激励与薪酬,企业文化管理涉及企业的文化建设与文化管理。

二、旅游企业管理的基本理论

(一)古典管理理论

古典管理理论发端于美国工程师泰罗(F. W. Taylor)在 20 世纪初首创的"科学管理"。他在 1911 年出版的《科学管理原理》,奠定了科学管理的基础,泰罗也因此被誉为"科学管理之父",其主要原理包括工作定额原理、标准化原理和差别计件工资制。在泰罗的科学管理理论指导下,企业逐渐开始用科学的管理方法代替旧的经验管理。

紧接着,法国人法约尔(H. Fayol)于 1916 年发表了其著作《工业管理与一般管理》,标志着一般管理理论的形成。

同一时期,德国社会学家马克斯·韦伯(M. Weber)在其著作《社会和经济组织的理论》中描绘了理想的行政组织模式,其核心思想是组织要通过职务或职位而不是个人或世袭地位来管理,为组织指明了一条制度化的组织准则,指出理想的组织应以合理、合法权利为基础,没有某种形式的权力,任何组织都不能达到自己的目标。

泰罗、法约尔、韦伯奠定了管理思想的基础。他们的理论代表了早期的管理思想,其研究涉及管理方法、管理职能、组织方式等基本的管理方面,但是忽略了人的行为心理因素,因此在管理发展阶段中也被称为是古典管理理论阶段。但这些管理思想对当代旅游企业的管理仍然具有一定的指导意义,如在旅游企业业务流程与质量标准设计、组织与制度建设等方面,提供了较普遍的模式。

(二)行为科学理论

古典管理理论把人看成是"经济人",即人们从事活动只是出于经济目的,企业主追求最大利润,工人要获得最高工资,这样在企业主和工人之间就经常发生矛盾。古典管理理论在这种对人的基本架设前提下,强调用严格的科学办法来进行管理,提高效率,以解决矛盾。但是古典管理理论的一个共同特点是忽略了人的因素,把工人看成是机器的配件,会说话的工具。在这种情况下,科学管理已不适应新的形式,需要有新的理论和方法来调动员工的积极性,提高劳动生产率。行为科学,简单地说就是对企业中职工产生的行为,以及产生这些行为的原因进行分析研究的科学。行为科学研究可以分为人际关系学说和行为科学两个层次。

(三)现代管理理论

现代管理的理论阶段是管理思想丰富和大力发展的阶段。在古典管理理论的研究基础上,许多管理学者从不同的研究角度提出了对管理学的见解,涌现出丰硕的成果。这一阶段的管理理论是现代企业管理的重要理论基础,也被称为"管理理论丛林"时期。主要有以下几大学派,它们的比较如下表(表1-4)所示。

表1-4 现代管理理论学派比较

主要学派	对管理思想的贡献	代表人物
管理过程学派	管理过程学派是在法约尔的一般管理理论基础上发展起来的。这个学派相对于其他学派来说最为系统,对管理职能和管理的一般原则进行了明确	[美]哈罗德·孔茨 [美]西里尔·奥唐奈
社会系统学派	社会系统学派奠定了现代组织理论的基础,主张用社会学的观点分析和研究管理的问题。这个学派认为组织是一个写作系统,包含三个基本要素,分别是协作愿望、共同目的和信息沟通。管理者是这三个要素的核心,集中探讨了组织内部均衡与外部适应的条件	[美]欧文·巴纳德
系统管理学派	系统管理学派认为,组织是一个人造的、开放的社会技术系统,与环境的各个要素之间存在着交互作用。这个系统是由相互关联的各个子系统构成的。这个学派比较重视组织结构的分析,主张应用系统理论对企业组织的管理活动和管理过程进行全面系统的分析	[美]卡斯特 [美]罗森茨韦克 [德]贝塔朗菲
经验主义学派	经验主义学派把管理活动看成对经验的研究,主张运用案例对管理活动进行分析和概括。成功和失败的管理经验教训能够给人们未来如何运用有效的方法解决管理上的问题提供借鉴。管理应该侧重的是经验总结而不是理论探讨	[美]彼得·德鲁克 [美]欧内斯特·戴尔
行为科学学派	行为科学学派认为管理是人的本性、需要和动机等因素的综合,因此管理学必须要研究人的行为规律,特别是人与人之间的关系。管理学要将这种规律性认识用作人的行为预测规律,以提高工作的效率,实现组织的目的	[美]梅奥 [美]马斯洛 [美]赫茨伯格 [美]斯金纳 [美]麦格雷戈等

续表

主要学派	对管理思想的贡献	代表人物
决策理论学派	决策理论学派认为管理的核心是决策,贯穿于整个管理过程。管理者每天都要把每一个决策融入管理流程之中。从决策来看,组织是由不同决策者组织的复杂决策系统。西蒙把系统理论、运筹学理论、信息理论和心理学理论综合应用在管理活动中,形成了与决策过程相关的准则、类型以及方法的理论体系	[美]赫伯特·西蒙
管理科学学派	管理科学学派是制定和运用数学模型和程序的系统,要用数学模型和公式来表示计划、组织、控制和决策等合乎逻辑的程序,以得到最有效地解决,实现企业的目标。该学派在管理学的精确化、数量化和科学化等方面做出了贡献	[美]伯法 [英]布莱克特
权变理论学派	权变理论强调管理要根据组织的内外环境变化而合理应对。要在不同的情况下采取不同的管理模式和办法,没有一成不变或者普遍适用的管理模式与方法	[英]伍德沃德 [美]卢桑斯 [美]菲德勒

(四)旅游学理论

旅游学的基本原理对旅游企业的管理起到了规定性作用。这个理论是旅游企业管理的基础。旅游学的研究开始于近代社会,国内外的学术研究在一般化程度上较多地通过理论途径,在不同角度上对旅游现象及其社会关系影响做出了宏观和微观两个方面的探讨,阐明旅游的社会意义,研判其转变,分析其态势,提出相应的见解。对于旅游学的研究最早始于意大利,并在第二次世界大战以后开始转向北美,之后在研究方法上也开始呈现出多学科化的特点。旅游学的研究对象是旅游活动的内在矛盾及其表现,而旅游学的任务就是通过研究来认识这种矛盾,寻求解决这种矛盾的方法。

第三节　旅游企业的管理原理和方法

一、旅游企业的管理原理

(一)系统原理

英国伦敦著名的泰晤士河,污染曾一度相当严重,治理了几十年也不见成效,但是七十年代后期,河水由浊变清,绝迹多年的鱼类又开始在河里生活。这一成就是怎样取得的呢? 原来在1974 年以前,英国的水管理体制,是按行政区域实行多头分散管水,因此一直没有把水管好。1974 年后,他们实行了全流域集中统一管水的方法,在全流域管理机构下,按照分支流域成立了水务管理局,统管水资源保护、供水、排水、污水控制、污水处理等工作,从而能合理地安排用水,有效地控制污染,并使污水在进行处理后再循环使用等,使泰晤士河又恢复了清澈。这种所谓"龙多难治水,治水一条龙"的管理方法就是系统整体性原理成功运用的典型范例。

1. 系统的概念

系统是指诸个相联系的要素按一定的集合结构所构成的具有特定功能的有机整体。这个定义的内涵有:要素、结构、联系、环境、功能。

(1)要素

要素是指构成系统的基本成分。要素与系统的关系是部分与整体的关系。要素与系统多具有相对的含义。一个系统相对于高于它的一级系统,它是要素,从而就有了子系统的见解;而一个要素相对于低于它的一级要素,它又是系统。因此,讨论要素时要注意指明它是哪一种系统的要素。

（2）结构

结构是指系统诸要素关联结合方式、排列形式和比例关系。它表示着系统的存在方式，并规定了各个要素在系统中的地位与作用。在要素确定的情况下，系统的结构往往通过决定各要素之间的联系进而影响到系统整体的性质与功能。系统的不同特性不仅取决于系统的不同组成要素，也取决于不同的结构方式。

（3）联系

联系是要素与要素、要素与系统、系统与环境之间发生相互作用的必然现象，它是系统呈整体性的根源。系统论中比较注重的是耦合联系。由于耦合的作用，系统中任何一个要素的变化都会影响其他要素的变化。系统联系既反映着多因素、多变量的复杂关系，又反映着多次、诸多过程的相互作用的特点，而且随着系统的发展变化，这种关系会更加复杂多变。

（4）环境

环境是指系统与边界之外发生联系、存在相互作用的客观事物或其总和。环境是系统产生、存在、变化与发展的必要条件。系统的环境是处于经常变化之中的。环境的变化会通过对系统的输入与系统对外输出的影响而影响系统的结构、运行及功能。因此，系统必须依赖、适应环境而存在与发展。同时系统对环境也有一定的改造作用。

（5）功能

功能是指系统所具有的活动能力与外部环境相互联系、相互作用过程所产生的效能。它体现一个系统与外部环境之间的物质、能量、信息的输入输出关系和生命力。系统的功能与系统的结构密切相关，还与系统的环境有关。系统的功能主要体现系统有序运动的整体效应。如同要素的胡乱集合不能形成良好的结构一样，运作过程的混乱无序也不能生成一定的功能。

2. 系统分析的内容

(1)确定分析目的

目的是决策的出发点和目标,因此确定旅游管理系统分析的目的是十分重要的,它要求系统分析人员在进行分析之前必须明确决策的目的,如果所确定的分析目的是错误的,以后无论怎样分析也不能取得正确的结果。确定分析目的,首先要对决策问题进行正确的分析,明确决策问题的性质和特点;其次要分析决策问题构成要素之间的相互关系,把握相关环境状况和约束条件;最后明确分析的目的和可能采用的方法和手段等。

(2)提出可行方案

通常实现某个决策目的会有多种可行方案,这些方案相互之间是可以替换的,但其实施的过程和效果则是有差别的。因此,系统分析就是要为决策提供多个可行方案,以便决策者从中选择最合理、最合适的方案。可行方案的提出,一是要有利于达到决策的目的,达不到决策目的的方案是没有价值的;二是要具有可行性,如果方案虽然可以达到决策目的,但在现实条件下不可行,那么这种方案也是不行的。

(3)建立分析模型

各种可行方案都可以通过建立模型来分析,这是系统分析的主要特征。模型是运用数学方法来描述决策问题本质属性的工具,是将复杂问题简化为容易处理的分析形式的方法。旅游管理决策中的分析模型一般可以分为图形模型和计量模型两大类,前者是用各种图表来表示决策问题的状况和流程,后者是用数学方法来描述系统变量之间的相互关系和作用。系统分析模型既有简单的,也有复杂的,要根据旅游决策问题的情况来选择和建立。

(4)分析方案效益

主要通过对各种分析模型进行计算,以分析各可行方案的效益。分析可行方案的效益通常包括三方面内容:一是分析可行方案的成本费用支出;二是分析可行方案的效益,包括直接效益和间接效益;三是分析可行方案的有效性,即效益以外的相关指标。分析方案效益,一方面要对每个方案自身效益进行分析,另一方面还需要对各个可行方案进行比较分析,并提出各个方案的优点和不足。

(5)进行方案评价

方案评价是决策的重要依据。进行方案评价,首先必须确定评价标准。评价标准通常是用一组指标做基准,具体可根据旅游决策问题的性质或特征来确定。确定出评价标准后,就可以根据评价标准对各个可行方案进行综合评价,并确定所有可行方案的优劣顺序,然后提交决策者进行决策。

(二)权变原理

1. 权变原理的概念

权变原理是根据管理系统所处的内外环境因素,因势利导,随机应变,适时调整管理对策和管理方法的一种管理理论。权变管理理论以系统观点为基础,将组织视为由若干子系统有机组成的开放系统,管理中要根据组织所处的内外环境随机应变,不存在一成不变、普遍适用、一劳永逸的最好的管理理论与方法,管理的成效取决于组织与其环境之间的适应性。

2. 权变原理的主要内容

管理的权变原理,是指在组织活动环境和条件不断发展变化的前提下,管理应因人、事、时、地而权宜应变,采取与具体情况相适应的管理对策以达到组织目标的一项管理原理。灵活适应、注意反馈、弹性观点、适度管理是管理的权变原理的几个主要内容。

(1)灵活应变

灵活应变是权变原理的核心内容。权变原理要求每一个管理者从认识上明确管理的环境、对象、目的都可以发展变化,不能用一成不变的眼光看待它们。权变,乃权宜应变之意。管理之"变",是结合变化了的情况,对原有的管理意识与行为活动进行再审视,看看有否需要否定、变革之处。在旅游企业管理中,要以动对动,以变对变,根据管理的内外环境因素的变化做出相应的调整,只有根据新的经济、政治发展形势做出相应的变革时,企业才具有新的生命力。

(2)注意反馈

管理上要做到以变应变的一个前提是应对管理环境、管理对象,还有管理者本身的信息的预先收集和及时反馈。满足权变管理所需的信息量的拥有,应重视对信息来源的开发并明确信息反馈的一些基本要求。

(3)弹性观点

管理涉及众多关联的因素,管理只在识别这些因素以及这些因素的相互关系及其发展变化上,存在着或多或少的局限性,在此认识基础上产生的管理对策不可避免地带有一定程度的不确定性。为了获得较佳的管理效果,就须留有调节的弹性,以便情况发生时,能够采取相应的调整对策或补救措施。遇事多准备几种备用方案、考虑事情周到一些、准备机动资源,等等,这些都是管理上具有弹性的表现。在运用弹性观点时,必须掌握好弹性的限度,保持一定的弹性,是为了留有适当的余地,以便在某些因素或条件变化时可随时采取有效的应变对策,及时调整改进。这种弹性是在一定原则下、一定范围内或一定限度的弹性,是根据事物发展变化规律和实际情况所确定的一种科学的弹性。

(4)适度管理

度在哲学上的意义,是指"一定事物保持自己的质的稳定性的数量界限。度是质与量的统一。在这种界限内,量的增减不会改变事物的质。但是量变积累的结果,总要超出这种界限,于是发生质变,破坏原来的度而建立新的度,一事物就转化为他事物。掌握事物的度,既要注意决定事物质量的数量界限,又不能把事物的度绝对化。"把度与管理有机地结合起来,遵循管理活动涉及的有关因素的特点和规律,使管理达到有效或最佳效果的状态,就是我们所讲的适度管理。

(三)效益原理

1. 效益原理的概念

旅游效益是指旅游活动的有效成果与相应的劳动消耗和劳动占用的比较,提高旅游效益就是以尽可能少的劳动消耗和劳动占用获得尽可能多的有效成果。

从系统观点看,旅游活动可以概括为一个投入—转换—产出的系统运行过程(图 1-8)。在旅游系统运行中,旅游者投入时间、精力和金钱,通过转换(旅行和旅游)而获得旅游需求的满足;旅游经营者投入人力、物力和财力,通过转换(经营和服务)而获得经济效果;政府旅游部门投入人力、财力和政策,通过转换(服务与管理)而获得经济、社会和生态环境效果。把旅游者、旅游经营者和政府旅游管理部门的投入与产出进行比较,就反映为旅游活动的效益。因此在旅游管理中,不仅要重视旅游效果,更要重视旅游效益,因为追求旅游效益的不断提高才是旅游管理的根本目标。

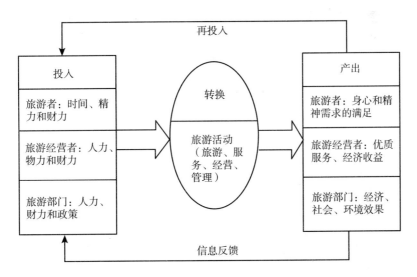

图 1-8　旅游活动投入—产出示意图

旅游效益一般包括经济效益、社会效益和环境效益。旅游经济效益,是指旅游企业或旅游部门通过旅游活动,以较少的劳动消耗和占用获得较多的经济产出,如企业利润扩大,政府税收增加,社区居民收入提高,旅游业和相关产业发展等。旅游社会效益,是指旅游活动参与者通过一定的投入而获得预期的社会效果,如旅游者获得身心愉悦和精神满足,旅游企业形象提升和发展壮大,旅游目的地社会就业增加、社区得到发展等。旅游环境效益,是指通过旅游活动而使旅游地生态环境得到改善,自然文化遗产得到保护,传统文化弘扬发展,城镇建设更加美化等。

从理论上讲,旅游的经济效益、社会效益和环境效益是相互统一的,但在实际中往往也会出现矛盾。因此,旅游管理的任务就是要把旅游活动中的经济效益、社会效益和环境效益有机统一起来,努力实现旅游经济效益、社会效益和环境效益的统筹协调发展。

2. 效益原理体现的原则

我们用下图来表示效益原理体现的原则(图 1-9)。

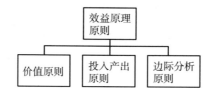

图 1-9　效益原理原则

(1)价值原则

价值原则即效益的核心是价值,必须通过科学而有效的管理,对人、对组织、对社会有价值的追求,实现经济效益和社会效益的最大化。

(2)投入产出原则

投入产出原则即效益是一个对比概念,通过以尽可能小的投入来取得尽可能大的产出的途径来实现效益的最大化。

（3）边际分析原则

边际分析原则即在许多情况下,通过对投入产出微小增量的比较分析来考察实际效益的大小,以做出科学决策。

(四)人本原理

1. 旅游活动是以人为中心的

现代旅游活动是以人为中心的活动,不论是旅游者的旅行和游览、旅游企业的经营服务活动,还是政府旅游部门的行政管理,都是围绕人的活动而进行的。在旅游活动中,虽然除了人的活动外还会涉及各种物质技术活动,如交通运输、景点开发、旅游产品生产、住宿设施建设、旅游信息咨询等,但这些物质技术活动都离不开人。同时,这些活动的成果和成效也依赖于人的主动性、积极性和创造性的作用。因此,人是旅游管理的中心,是一切旅游管理活动的出发点和归属。

2. 员工参与是有效管理的关键

明确了员工在管理中的主体地位以及以人为目的的管理核心,管理者通过实施适度分权、民主管理,依靠科学管理和员工参与,可以使个人利益与企业利益紧密结合,使企业全体员工为了共同的目标而自觉地努力奋斗,从而实现高度的工作效率。员工是家庭、企业乃至一个行业和整个社会的核心(图 1-10)。

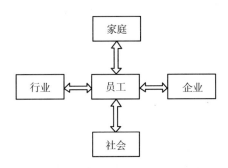

图 1-10 员工是企业的核心

正是由于企业全体员工的共同努力,企业各项资源(包括劳动力本身)才得到最合理的利用,才使企业生产经营活动得以正常进行,才创造出了产品、利润和财富。所以,企业全体员工都有权参与企业管理。企业员工中的一部分(经营者和管理人员)其职业就是管理。所以,要特别重视非专职管理的员工(普通工人、职员和技术人员等)参与管理的问题。

二、旅游企业管理的方法

(一)行政方法

行政方法是指管理主体依托行政系统和层次,运用职位权力,通过命令、指示、决议、规章制度等手段,直接组织、指挥和调节下属工作的管理方法。管理是要以一定的权威和服从作保证的。行政方法对于任何一种管理活动来说,都是必要的。而在其位,才能谋其政,行政方法的实质是通过履行职位的权力进行管理。

(二)经济方法

经济方法是指根据客观经济规律的要求,运用经济手段来调节有关方面的经济利益关系,以达成管理目标实现的方法。经济手段主要有价值、税收、信贷、利润、工资、奖金、罚款等。经济方法的核心是经济利益问题。用经济利益作为内在动力与外在压力,推动被管理系统去做什么,怎么做,最大限度地调动它们的积极性、主动性、创造性和责任感,这就是管理的经济方法的实质。

(三)教育方法

教育方法是通过在对被管理者的思想和行为了解和分析的基础上进行启发觉悟、说服教育,让其明白道理,提高认识,调动工作热情,自觉地按管理者的愿望和要求行动起来的一种主要解决思想认识问题的管理方法。

(四)法律方法

法律方法是国家及其所属的各级机构、各个管理系统以法律规范以及具有法律规范性质的条例、规则等,通过司法、仲裁工作,规范和监督社会组织及其成员的行为,以促进社会发展的管理方法。

(五)定量与定性分析方法

管理中所讲的定性,是指文字描述分析对象的性质;定量,是指以数量表示所分析的事物将来可能发展的范围与性能,可能产生何种数值程度的影响。运用数量知识和方法,对管理现象及其发展趋势,以及与之相联系的各种因素进行计算、测量、推导、预见等,是定量分析方法。基本情况加判断,粗略统计加估计是定性分析方法。管理者的经验判断虽在两种方法中都有应用,但是前者不居主导地位,其分析结论主要是借助于现代数量知识和方法而得出;后者则不同,它更多地依赖分析者的经验和直觉,以经验判断为主。

许多管理活动的开展是为了解决问题的需要。解决问题要从对问题的分析入手。管理分析中应用的诸多方法都可以从定性与定量角度加以归类。这两种或是说这两种结合起来应用的管理分析方法,在实际工作应用得极其普遍,对它们的选择与应用的效果如何直接影响管理分析的质量。

第二章　旅游企业战略规划

战略一词来自军事用语,是指挥战争全局的计划和策略。英文的战略一词来源于希腊语的"军事首脑"(strategos)意味着战略是将军的艺术,是军事首脑为了争取战争的胜利,部署并运用军事的艺术。企业经营过程往往会考虑企业谋求更长远的发展。这是企业在竞争过程中的生存之道。而在这个过程中,企业要做到灵活应变周围环境,以提高企业资源的分配利用率,这个过程就是企业的经营战略。这是关系到企业全局和长远发展的战略规划,是企业最高经营者的根本任务。

第一节　旅游企业战略环境分析

旅游企业的经营是否成功与所处的战略环境有着一些必然的联系,所以我们需要对旅游企业所处的战略环境进行分析,分析战略环境的构成,从而为旅游企业的经营提供成功的条件。一般来说,旅游企业的内部环境是可以控制的,但是旅游企业的战略环境却具有不可控性。由于旅游企业对于所处的战略环境没有控制的能力,所以加强对旅游企业的战略环境的研究十分的必要。

一、旅游企业战略环境的特点和构成

(一)旅游企业战略环境的特点

一般说来,旅游企业的战略环境具有以下特点。

1. 多因素性

旅游企业的战略环境所包含的因素有很多,比如社会环境、文化环境、经济环境、交通和基础设施环境、管理与制度环境、政治环境等,而每个环境中又包括了很多方面,比如社会环境中包括了人口方面的变化、各国城市化的进程、疾病与健康问题等。

2. 整体性

旅游企业的战略环境虽然所包含的内容比较多,但是这些环境之间都有着必然的联系,从而形成了一个整体。旅游企业的战略环境中的各个因素都是相互作用和相互制约的,一个环境的改变会影响到其他环境的改变,也会对旅游企业的战略环境造成一定的影响。

3. 多层次性

一般来说,旅游企业的战略环境具有多层次的特点,主要划分为四个层次。旅游企业的战略环境的第一层主要是指直接环境,这些环境的构成主要与旅游企业的经营具有直接的联系,比如说旅游企业的客户、银行、政府部门等。旅游企业的战略环境的第二层主要是指旅游企业所处城市的经济环境、行业的特点和发展趋势等这些环境。旅游企业的战略环境的第三层主要是指旅游企业所处的国家的经济状况、技术、政治等这些环境。第四层主要是指国际的经济、政治状况、技术发展等。不同层次的环境对旅游企业的经营也会产生不同的影响。

4. 变化性

旅游企业所处的战略环境是不断变化的、环境的变动是属于一种动态的形式,变化的形式有时候是局部的,有时候是整体的;有时候的变化是渐变的形式,有时候的变化是跳跃的形式。随着旅游企业的不断发现,旅游业发展的速度之快,使其经营的环境变化也随之呈现加速的变化,表现出几何级数变化的特点。

从以上旅游企业的战略环境的特点可以看出其中存在很多的不确定性和更多的复杂性。所以在对旅游企业战略环境进行研究的过程中,需要重点研究哪些是重要因素,哪些因素在战略环境中起到什么样的作用,如果这些环境因素互相影响时,会发生什么样的结果。如果旅游企业想持续发展,就必须对所处的战略环境进行认真的研究,如果没有对环境进行深入的了解,旅游企业的经营战略就很难取得成功。

(二)旅游企业的战略环境的构成

旅游企业对环境进行分析的主要目的是使旅游企业对现状有充分的了解,获得必要的信息,以便有效地预见未来,采取积极的行动。一般来说,旅游企业的战略环境可以分为两个层次:宏观环境和微观环境,其内容与相互关系如下图所示(2-1)。

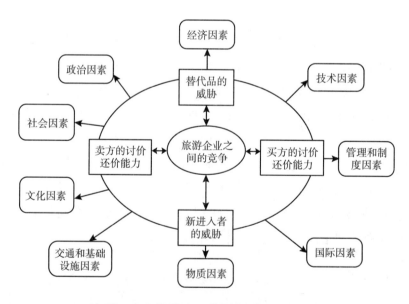

图 2-1　旅游企业战略环境示意图

战略环境可以分成两个层面。第一个层面是宏观环境,这一环境包含了许多因素,这些因素不仅影响组织本身,而且会影响同行业中的其他组织。毫无疑问,社会人口统计因素、技术、经济、环境和政治等因素是单个组织所不能控制的,尽管在某些情形下组织能对其中一些因素产生影响。因此,战略管理的成功依赖于通过制定和实施适当的战略来应对宏观环境变化的能力。第二个层面是微观环境,是指每天都与组织发生相互作用的环境。微观环境的任何变化都对旅游业产生迅速,有时甚至是显著的影响。对大多数组织而言,微观环境构成了行业和市场的竞争环境。

二、旅游企业经营的宏观环境分析

宏观环境是指组织所处行业和市场以外的大环境。它不受单个组织的影响但对组织经营所处的微观环境有着显著的影响。对旅游企业而言,宏观环境的变化十分重要,这些变化关系到整个行业的存亡,关系到市场的扩大或缩小,决定了行业的竞争力水平和许多其他方面。

(一)政治环境

旅游企业的政治环境包括政府的税收制度、关税、法规、旅游政策,等等。政治因素以各种各样的方式影响旅游企业的经营和旅游者的决策。政府是否参与促销并为旅游提供便利条件取决于政府的政治态度。政府可以鼓励自由贸易为旅游创造良好的环境,而不是通过行政命令手段直接进行干预。在经济萧条时期,政府可能会采取措施控制出境旅游,如规定出国携带的外汇数量、通过签证、护照以及税收来限制旅游。

一般来说,一个政府介入旅游业主要出于以下几方面的原因。

（1）获取外汇收入以平衡国际收支。

（2）拉动内需，刺激经济增长。

（3）创造就业机会。

（4）规范市场、保护消费者权益、防止不正当竞争。

（5）塑造国家整体旅游形象。

（6）保护旅游资源和环境。

（7）通过统计和调查等监控旅游活动的水平。

（二）经济环境

经济环境主要是指经济发展速度、社会购买力、消费水平和趋势、金融状况及经济运行的平稳性和同期性波动等因素。

社会经济发展水平是决定旅游需求量的主要因素。一般来说，经济发达水平越高，旅游需求的程度就越强。罗斯托（Rostow，1959）将经济发展阶段的特征与旅游的层次关系联系起来（表 2-1）。发达国家是国际和国内旅游的主要产生地和接待地；发展中国家则是国际旅游的接待地，主要发展国际入境旅游，也开展一些国内旅游。到了大众高消费阶段，就业重心由第一产业转为第二产业和第三产业。人们的可自由支配收入不断增加，对旅游，尤其是国际旅游的需求也随之不断增加。

表 2-1　经济发展阶段与旅游发展

经济发展阶段	旅游相关特征	实例
①传统社会阶段 长期建立贵族土地所有制，保持传统的风俗习惯，绝大部分人从事农业劳动，人均产值很低，没有体制的变化，现状不可能改善，健康状况差	不发达国家 经济和社会状况不允许发展绝大多数形式的旅游（国内旅游和探亲访友除外）	非洲和南亚的部分地区

经济发展阶段	旅游相关特征	实例
②经济起飞前的准备阶段 改革的观念来自外界的影响,领导者具有变革的欲望	发展中国家 从起飞阶段开始,经济和社会状况允许国内旅游数量增加(以探亲访友为主)。国际旅游仍然不能趋向成熟。入境旅游作为赚取外汇的手段通常受到鼓励	南美洲和中美洲的部分地区;中东、亚洲和非洲的部分地区
③经济起飞阶段 领导者赞同通过变革取得权利并改变生产方式和经济结构。制造业和服务业发展起来		
④经济走向成熟阶段 工业化在所有经济部门持续增长,从重工业到复杂化和多样化产品结构转变		墨西哥;南美洲的部分地区
⑤大众高消费阶段 经济处于全部饱和状态,生产大量的消费品和服务产品,新的需求在于满足文化需求	发达国家 是国际和国内旅游的主要产生地	北美,西欧,日本,澳大利亚,新西兰

(三)文化环境

文化环境是一个非常特殊而且又非常重要的一个因素。一方面,文化是吸引人们开展旅游活动的一个重要动因。文化使得各类自然景区对人们产生一定的意义,也是在这个基础上文化才产生一定的意义。另一方面,文化则形成旅游意义的一个重要因素。旅游活动可以推进地区文化的发展。旅游产品可能成为地区文化的一个构成部分。因此不同国家和地区的旅游产业投入越来越多的资源推动地区旅游文化的发展,同时也对员工进行旅游文化方面的培训,使他们在语言和礼仪上符合通用文化的要求。旅游企业与在经营中所处的文化环境之间的关系通常是紧张的。虽然旅游业为当地居民提供了经济效益,但他们还是要在生活质量、传统文化同生活方式受到侵蚀之间权衡并做出一个重大决定。当地居民和外来的游客之间的关系可能会变得非常紧张,尤其是当一个小的度假区在旺季人满为患的时候。

1. 文化事件与旅游

特定文化事件或者通过娱乐的形式表达出来的文化现象都会给旅游企业带来巨大的发展机会。体育事件、音乐节、电影节或者传统的庆祝形式都会成为某一目的地旅游企业的推动因素。但是,旅游企业在使用文化作为一种营销手段时,要注意文化的商品化问题。过度追求文化的商品化会对产品形象造成不良影响,从而对旅游企业的长期发展产生不利。

2. 核心文化价值

除了面对旅游者和居民之间潜在的文化和利益冲突外,旅游企业还要评估文化发展趋势对其产品的影响。许多文化趋势如对个人主义信念、对大型企业的不信任、对环境的兴趣或对传统的"家庭价值"的消失的担心,既可能形成对旅游企业的威胁也可能成为机会。顾客的需求正在发生变化,他们要求更加个性化的假期,以求更加主动地参与到目的地及自然环境中。他们还需要根据家庭的需要来调整假期。

当前文化发展的趋势是,中产阶层的价值得到了广泛的接受和认同。随着生活水平的提高,我国"中产阶层"居民数量不断增加。他们所受的教育水平和掌握的知识也日渐丰富,从事的工作性质也在逐渐发生变化,从传统的与体力劳动相关的工作逐渐转变成为脑力工作者。他们闲暇的时间日渐增多,能尽情享受旅游活动给他们带来的乐趣和体验。中产阶层的这一发展趋势不得不让人们重视他们的文化发展潜力,推动针对这一群体的文化关怀。

(四)社会环境

1. 人口方面的变化

（1）人口的流动

随着交通环境的不断发展,人们出行费用不断降低。我国的人口流动需求逐渐提升。对于旅游来说,游客在旅游途中的消费必须要得到一定程度的满足。不同地区人们相互之间的往来实际上给旅游企业的发展提供了一定的机会。

（2）老年人市场

老年人市场又称银色市场,是一个很有潜力的市场。如上所述,人口老龄化是世界人口发展趋势之一。发达国家这种趋势更加明显,如在1990年退休年龄的人口就占到了美国总人口的三分之一。根据我国有关部门的预计,到2030年,我国老年人口将超过总人口的20%,进入老龄化阶段;而2040年后,我国老年人将达4亿。在美国,老年人市场中不少人年薪在五万美元以上,他们事业稳固,收入较多,时间又充裕,更有能力外出旅行。

老龄化社会的来临,为旅游企业提供了巨大的发展机会。目前我国老年旅游市场刚刚起步,老年旅游占旅游市场的20%左右,而在国外这一数字已经达到了30%左右。老年人外出旅游的目的多是为了休息、消遣、探亲访友、参观历史古迹。老年人做购买决策比较慎重,总是经过反复比较和权衡;旅游时往往携带较多的行李,行动迟缓,要求便利和清静。其旅行特点是行程较远;多在旅游平淡季出游;在外停留时间较长;更多依赖旅游商和旅游代理人的安排。老年人对旅游目的地产品质量,特别是住宿条件、饭菜质量很关心。一般地说,优质产品容易接近这个市场。

（3）女性旅游者

女性的就业率和就业量大增实际上预示着她们正在成为一个巨大的消费群体。美国旅游市场中商务旅游人群中女性已经占到了25%～40%,在不久就会达到50%。随着女性社会地位的不断提高,越来越多的女性将会出于消遣的需求开展旅游活动。

2. 各国城市化进程的不断加快

全球城市化是20世纪开始的一个重要变化,它也将对旅游企业产生一系列的影响。1950年全球共有大约6亿城市人口,根据联合国人口基金的预计,到 2030 年将会有超过 60% 的人口生活在城市。

城市中大量农村人口的迅速涌入带来了大量问题,如城市的拥挤、污染、贫穷、失业和犯罪,等等,这对旅游环境造成了一定程度上的破坏,旅游需求也会受到很大影响。从另一方面说,农村人口的流出有助于缓解农村地区经济不景气的现象。许多农村地区也开始开发一些与传统农业活动相结合的旅游活动,如农业旅游等。

3. 疾病与健康问题

疾病,尤其是传染性疾病的爆发对旅游环境造成了巨大影响。如果疫区病情不能得到及时的控制,世界卫生组织将会向旅游者发出前往该目的地(国)旅行的旅游警报。如 2003 年世界卫生组织曾向北京、台湾、香港、多伦多等城市和地区出示旅游警报。据世界旅游组织统计,2003 年 SARS 疫情导致东北亚和东南亚的国际游客分别减少 9% 和 14%。

另一种影响旅游者健康的疾病就是艾滋病(AIDS)。艾滋病的不断扩散已经威胁到了肯尼亚和冈比亚旅游业的发展。消费者害怕来自当地居民血液的供应,也担心来自这些国家和地区的食品会受到污染。对这些国家来说,要重建消费者对其产品和服务的信心需要一个漫长的过程。

总之,旅游企业所面临的外部环境是剧烈变化的,在应对这些变化与趋势时,旅游企业不应仅仅根据已有的经验和传统的常规的战略规划来制定战略,具备以下因素也是非常重要的:对环境变化有充分的准备;对环境变化敏锐的察觉能力;能适应环境的复杂性;对环境的突然变化具有迅速的反应性。

三、旅游企业经营的微观环境分析

微观环境对于旅游产业的发展来说具有直接的影响。微观的市场竞争因素在不断推动着旅游企业向前发展。企业之间的竞争将会推动企业做出的产品更加优化,因此,整个行业也处于不断优化的过程之中。

(一)旅游企业产品生命周期

波特在《竞争战略》中提出了关于产业的一个定义:"一个产业是由一群生产相似替代品的公司组成的。"[①]这个定义对于企业来说则是一家企业在产业中经营状况如何取决于两个因素,一是它所在产业的整体发展状况,二则是该企业在产业之中处于的竞争地位。生命周期理论通常被用于分析企业或者产业所处的发展阶段的发展。从生命周期理论出发,分析一个企业或者产业的发展,首先要分析这个企业或者产业的产出,也就是产品。人们可以通过分析产品在市场中的接受程度得到这个企业或者产业在市场中的地位。从严格意义上说,旅游业并非是一个独立的产业,与其他行业都有紧密的关联。这实际上增加了旅游产业生命周期分析的理论难度。于是我们只提出一个一般的产业生命周期阶段的示意,如下图所示(图 2-2)。具体到不同旅游企业要根据其所在的产业发展状况进行分析。

图 2-2 中,产业周期理论将产业的发展分为四个阶段:开发期、成长期、成熟期和衰退期。每个阶段都有鲜明的特点。

1. 开发期

开发期始于旅游产品开发后首次投放市场的阶段。对消费者来说,这是新产品,只有那些敢于尝试的人,才会去购买。因此,处于开发期的产品在市场中占有较小的比例。产品投放市场之前,很难识别它会吸引哪部分消费者,这很可能会导致较高的投放和营销成本。由于新产品尚处在试验阶段,产量较低,因此单位产品成本较高。

---

① 迈克尔·波特. 竞争战略[M]. 北京:华夏出版社,1997,第 5 页

销量				
阶段	开发	成长	成熟	衰退
市场发展	缓慢	迅速	下降	亏损
市场结构	零乱	竞争对手增多	竞争激烈 对手成为寡头	取决于衰退的性质 或形成寡头或出现垄断
产品系列	种类繁多 无标准化	种类减少 标准化程度增加	产品种类 大幅度减少	产品差异度小
财务含义	起动成本高 无回本保障	增长带来利润,但大部分利润用于再投资	带来巨额利润,再投资减少,形成现金来源	采取适当的战略 保持现金来源
现金使用或来源	大量使用现金	趋于保本	重要现金来源	现金来源(如果战略不适当可能使用大量现金)
产品含义	一次性或批量生产,未能流水形成大众生产	经验曲线上升 成本下降	强调降低成本 高效率	行业生产能力下降
研究和开发含义	大量对于产品和生产过程的研究	对产品的研究减少,继续生产过程研究	很少,只有必要时进行	除非生产过程或重振产品有此需要,否则无支出

图 2-2 产业生命周期对战略的影响

旅游产品进入开发期后,是以高价"撇脂法",还是以低价"渗透法"主要取决于需求的价格弹性。当产品的需求无弹性时,应该采取高价"撇脂法"进行定价。比如,新开发的很有独特性的旅游胜地,或乘坐协和飞机到一个新目的地等。当产品有需求弹性时,适宜采用低价渗透定价法,因为快速抢占市场份额要比尽快收回开发成本更加重要,低成本航空公司在开发一条新航线时就可以采用这种方法。

旅游产品早期投入市场,通常存在着一定的风险,一方面给公司在一定时期内的现金流造成负面影响,另一方面由于发展的不成熟,经营失败的可能性较大。然而,这也给旅游企业创造了机会,容易抢占大部分市场份额,获得先入者优势,给跟进者进入市场建立了障碍。

2. 成长期

旅游产品进入成长期,市场销售额进入整体快速增长阶段,先导旅游企业面临着跟进者强占市场的威胁。跟进者为避免与那些已经确立主导地位的厂商发生直接竞争行为,会从一些新的细分市场中寻求机会。

成长期的市场有利可图,现金周转速度很快,收益能够用以补偿成本。这个时期是抢占市场最有利的时机,因为消费者群体还不稳定;等到了后期,消费者已经对某品牌产生一定的忠诚度,再想赢取顾客信任就不那么容易了。当出现新的细分市场时,旅游企业需要做出是向新市场进入还是维持原样的决策。

3. 成熟期

当大量的潜在购买者都已经发生了购买产品的行为之后,产品就进入了成熟期。这个阶段持续的时间是最长的,但由于市场不同,持续的时间也不大一样,有几天几周的,也有几十年几百年的。欲在成熟期抢占大量的市场份额,代价较高,风险也较大。因此,大多数旅游企业会将精力集中在维持现有的顾客群上;之后,在投入少量精力与竞争对手为了争取那些新出现的较少的消费者展开竞争。这个时期大量现金开始回流,旅游企业可以用其研发新产品或辅助尚处在初期阶段的产品。

前面已经指出,经过长期发展之后,主要竞争对手的市场份额非常稳定,这可以看成是产品生命周期的关键点。然而,为了维持成熟期市场的竞争地位,旅游企业需要时刻关注情况的变化,并随时准备进行产品更新或产品的重新定位。

4. 衰退期

根据产品生命周期理论,产品处于这个时期,所有市场都开始逐渐衰退。旅游企业因而准备向新的市场转移,或者若可行的话考虑延长产品的生命周期。适当地延长战略主要包括：开发产品新用途、寻找新的消费者或将产品重新定位。即使是产品提前进入衰退期，组织仍能够从某些特殊的细分市场中获利。

在衰退期，旅游企业通常采用"挤奶牛"战略，尽量减少投资。有些旅游企业由于衰退期的到来而提前退出市场，这为剩余旅游企业扩大市场份额提供了机会。产品最终会退出市场，而在这个过渡期，旅游企业赚取的任何利润都可以看成是投资的回报。

(二)旅游产业结构分析

美国哈佛商学院迈克尔·波特(Michael Porter)教授提出的五种力量竞争分析模型是行业环境分析的重要方法。波特认为，每一个企业都会面临来自潜在进入者、替代产品、购买者、供应者和产业内现有竞争者的竞争，这五种力量共同决定了旅游行业的竞争强度和企业的盈利水平(图 2-3)。

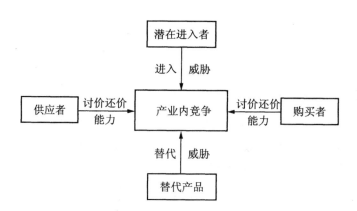

图 2-3 旅游企业竞争的五种力量模型

1. 潜在进入者的威胁

如果投资者认为旅游行业有利可图，他就可能进入这个市场。新进入者会瓜分现有企业的市场份额，导致企业间的竞争加剧；新进入者还会增加市场上产品的供给，从而可能导致市场价格下滑，降低现有旅游企业的利润。对旅游行业而言，潜在进入者威胁的大小取决于本行业的进入障碍，障碍越大，进入的威胁越小,反之则越大。进入障碍主要有以下几种。

(1)规模经济

当企业的规模达到一定程度时,能够降低企业的平均生产成本。在规模经济阶段,企业规模越大,就越具有成本优势,越能以更具优势的价格销售产品和服务。如经济型酒店,新进入者往往达不到经济型连锁酒店的规模,生产成本较高,这会抑制投资者进入该市场。

(2)产品差异

产品差异是指旅游企业的产品、服务、品牌、形象等已经成为顾客所认可的特色。如果旅游企业具有较高的知名度和良好的企业形象,顾客也已经形成了一定的消费偏好,新进入者如果想进入市场,就必须花费大量的资金和时间才能打造自己的品牌和形象。

(3)投资需求

进入旅游行业所需要的资金也是一大进入障碍。食、住、行、游、购、娱,不同行业对资金的需求量不同,资金量越大,进入障碍也越大。旅游景区和航空公司的投资量巨大,投资者就相对有限,而餐饮业投资量较小,就会吸引大量的中小投资者进入该市场。

除这些障碍外,政府政策的限制、顾客的转换成本、销售渠道、技术障碍等,都会成为投资者进入旅游行业的壁垒。

2. 替代品的威胁

产品或者服务的替代有两个层面的意义:一个是产品或者服务直接替代,也就是一种产品或者服务直接取代另一种产品或者服务,例如两个相似旅游企业之间的竞争;另一个则是简介替代品,也就是由能起到相同作用或者服务的产品取代其他产品或者服务,例如同样一条旅游线路,一家公司提供的火车软卧出行,另一家公司则推出了双飞出行。

替代品往往是新技术或者新需求发展的产物。对于当代企业来说,这种"威胁"是巨大的。一般情况下,一种替代品威胁的大小取决于其替代品的市场占有率或者是盈利能力。如果替代品的市场占有率不断扩大,对于企业来说,自身产品的市场占有率则有可能相应减少。当然,促成替代品市场占有率不断提高或者降低的因素有多个方面。企业可以对替代品进行集中的分析,从而考虑自身产品的升级换代。

替代品"威胁"的结果实际上是产业内产品竞争力的不断提升。企业通过对替代品的研究会不断提升产品或者服务的性能,降低产品的成本从而达到降低价格的目的,不断提升企业产品的市场竞争力。当然替代产品的威胁并不一定意味着新产品能够成功取代老产品。几种替代品长期共存的现象是普遍存在的。如旅游交通中飞机、汽车、火车、轮船等长期共存,公寓式饭店、分时度假饭店、全套房饭店长期共存,传统的旅行社与各种预订机构共存,等等。

3. 供应商的拟价能力

供应商是企业产品原料的供应者。他们的价格拟定能力,直接影响到企业产品的成本。如果供应商通过不断提价来转嫁自己不断上升的成本,或者降低商品或服务的质量,对于企业的产品来说就有可能产生不可估计的影响。如果这种变动长期有效,那么企业产品的市场竞争能力则有可能大幅降低。控制成本是当代企业经营管理中的一个重要任务。因此,应对供应商谈判能力的变化是企业采购的一个重要环节,对于企业其他方面的工作开展来说也有重要的意义。从现有的研究来看,供应商的谈判能力主要受到以下这些方面的影响。

(1)供应商提供资源的稀缺性

供应商产品的稀缺性是影响其谈判能力的首要因素。越是稀缺,供应商的谈判能力就越强。因为,供应商一旦放弃提供企业需要的资源,企业有可能将无法继续生产。因此,对于企业来说,要控制供应商的谈判能力,首先就要控制供应商供应产品的稀缺性,要寻找替代品。

(2)资源的需求状况

资源的需求状况是从购买者的角度来衡量的。如果资源的需求量很大,那么供应商可以选择将自己的资源卖给其他企业。因此,如果资源需求量很大,那么供应商的谈判能力就强。资源需求量小,供应商可选择的求购者少,他就不得不把自己的资源卖给购买者。所以,资源的需求量小,供应商的谈判能力就弱。

(3)转换供应商的成本

如果购买企业认为供应商提供的价格不合理,可以选择其他的供应商,但是转换供应商的过程是需要一定成本的。企业往往需要放弃与供应商达成的原有协议,已建立的长期合作关系被打破,已经十分熟悉和适应的交易方式被改变,而且新供应商的供应模式与其他相关系统和服务不一定可以达到购买企业的要求。因此,转换供应商的成本越高,供应商的谈判能力就越强;反之则越弱。

(4)资源供应商的数量

资源供应商的数量如果很多,那么可供购买者选择的余地就大,供应商对行业的组织能力和讨价还价的能力就弱。如果资源供应商数量很少,那么供应商对行业的组织能力和对资源的控制能力就强,那么讨价还价的能力自然也强。

4. 需求方的谈判能力

需求方(买方),是指购买产品的顾客。顾客的谈判能力直接影响着企业的竞争环境。顾客的影响力往往决定着企业的获利能力。影响需求方谈判能力的因素主要有三个方面。

(1)需求方的数量和购买量

需求方的数量少,购买量大,那么需求方对卖方的控制力就强,当然,讨价还价的能力就强。如果需求方的数量很多,而每一个需求方的购买数量很少,那么需求方联合起来的难度就很大,对卖方的控制力就弱,讨价还价的能力就弱。例如,以接待团队为主的酒店,往往接待的需求方主要是旅行社。其每次订购的数量都很大,那么需求方的谈判能力就很强。酒店往往需要提供较低的价格来吸引客人。

(2)提供产品的企业数量

提供产品的企业数量如果很多,那么需求方的选择范围就很大,谈判能力就强;反之,提供产品的企业数量少,需求方的选择范围就相对狭窄,讨价还价的能力就弱。仍然以旅行社为例,提供类似产品的旅行社数量很多,那么游客的选择余地就会增大,自然讨价还价的能力就强,因此很多旅行社不得不以降价行为来吸引游客。

(3)替代品的可获得性与需求方的转换成本

需求方同样可以选择替代品。替代品越容易获得,需求方的谈判能力就越强,因为不能以合适的价格购买,需求方就可以直接选择替代品。当然,选择替代品也是需要转换成本的,如果转换成本很低,那么购买者的谈判能力就强。

另外,行业内企业的产品差别化程度、需求方对价格的敏感程度、需求方拥有行业内企业成本结构信息的程度、需求方行业与供应商行业的集中程度,以及购买者的后向一体化可能性,也决定着需求方的谈判能力。

5. 旅游企业之间的竞争

旅游企业之间的竞争是指旅游企业为争夺市场占有率而进行的竞争,这种竞争通过价格竞争、服务竞争、渠道竞争等方式表现出来。

企业之间现有竞争强度分析包括:现有企业的数量和力量对比分析、成本结构分析、产品或服务差异分析、退出障碍和转移成本分析、产品或服务生产扩大方式的分析、竞争者类型分析以及产业投资目的分析。

针对行业内的主要竞争对手,通常要分析目标、假设、当前战略和潜在能力(图2-4)。

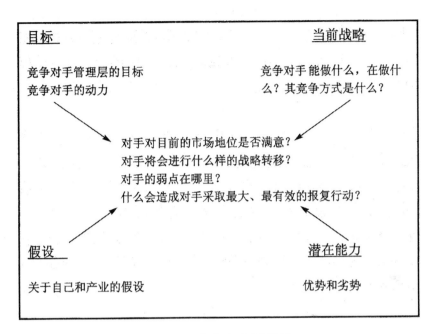

图 2-4 竞争者分析模型

分析并了解竞争对手的目标,就可以推断在当前的市场和竞争状况下,竞争对手对其自身地位和财务成果的满意度,得知其竞争动力的来源,进而预测其改变战略的可能性及对其他企业行为的敏感性。

竞争者的目标是以其对战略环境及对自己的认知为前提的。竞争者战略的假设有两类,第一类是对自己的市场地位、力量、发展前提等方面的假设;第二类是竞争者对自己所在产业及产业内其他企业的假设,包括产业结构、产业发展前景、产业潜在获利能力等。了解竞争对手对产业的假设,一方面可以了解对手对产业的认识及采取的相应的战略类型,另一方面还可以了解企业的认知方式。

对竞争对手现行战略的分析,主要是要了解企业的所做所想,具体包括:市场占有率、产品或服务销售渠道、研发能力、定价情况、影响成本的要素、所采用的战略类型等。

能力分析是竞争对手分析过程中非常重要的一项内容。能力决定了企业对战略行动做出反应的可能性、强度、性质和时间选择。能力分析包括核心能力、增长能力、反应能力、应变能力等。

通过以上四个方面的分析，我们就可以预计竞争对手可能的行为动向。

第二节　旅游企业发展战略

一、旅游企业一体化经营战略

(一)横向一体化战略

1. 横向一体化战略概念

"横向一体化"这个词也出现在波特的《竞争战略》一书中，也叫作水平一体化战略，是指在同类企业中，企业实行收购或兼并战略，以此来实现规模经营的成长战略。它不同于纵向一体化战略，并不是其上下游的企业，最显著的例子是美国航空企业对其竞争对手环球航空企业的收购，这样的收购战略就是横向一体化战略。横向一体化战略的实质是通过开展那些与企业当前业务相竞争或相互补充的活动，来增强企业的竞争力，从而使企业在市场上的竞争力增强，也巩固了企业的市场地位。在旅游企业，实行一体化战略，通常是在经营层次相同，经营范围相同或相似的旅行社之间，而这些旅行社包括旅游批发经营商，也包括零售旅行代理商。旅游批发经营商之间的横向一体化主要表现为企业之间的收购与合并。

实施横向一体化战略的目的是为了扩大生产规模、降低成本、提高企业竞争优势。在出现以下情况时，可以考虑适用该战略。

（1）企业规模明显扩大，这个规模足够提供很大的竞争优势。

（2）企业处在成熟期，拥有足够的资金和人才来进行成功的管理。

（3）由于竞争者经营不善导致企业发展缓慢，更严重的是停滞不前。

2. 横向一体化的战略优势与陷阱

（1）横向一体化的战略优势

第一，规模经济。横向一体化通过收购同类企业达到规模扩张，一旦企业扩大了规模，那么就可以进行资源整合，从而就可以降低成本，取得竞争优势。同时，通过收购，往往可以获取被收购企业的技术专利、品牌等无形资产。如法国的雅高集团在进军北美市场时，收购了 Motel 168 等已相对成熟的品牌。

第二，减少竞争对手。横向一体化战略是企业与相类企业之间实行的一种兼并战略，这在客观上减少了竞争对手，降低了产业内相互竞争的程度，这就能够更好地让企业发展。

第三，较容易的生产能力扩张。横向一体化必然会使企业的经营规模扩大，这在客观上要求企业提高生产能力。相对于别的方式而言，这种方式比较简单迅速。

（2）横向一体化战略的陷阱

第一，政府法规限制。横向一体化将类似的企业集中起来，很容易造成垄断。因而，为了防止垄断，各国法律均对此做出一定的限制。

第二，收购一家企业往往会和好多后续工作相关，如企业收购后的整合工作，管理工作等。收购企业与被收购企业之间虽然可能在业务上有好多的相似之处，但由于其并不是一个企业，因而在很多地方有所不同。如历史背景，人员组成，企业文化，管理体制等方面。这些方面在协调起来比较困难，这也是企业并购能否成功的一个关键因素。

（二）纵向一体化战略

首先，我们需要知道的是，在纵向一体化战略中，一定会涉及成本问题,实质上,成本就是一种支出。而实施这种战略的目的就是为了让企业更好地获利。在企业进行决策的过程中,必须同时考虑成本和利益,两个因素谁发挥的作用更大,这是由具体的企业性质决定的。事先做一些必要的改变,它们既可适用于前向一体化,也可适用于后向一体化。

在这里简要概括这些成本和利益,以便为后面几节展开针对具体的前向一体化公司或后向一体化公司的某些结论的检验做好准备。为了讨论的方便,我们把在纵向链中的销售企业叫作上游单位,把购买企业叫作下游单位。

1. 纵向一体化战略的概念

通常在经济学领域,人们又把纵向一体化战略叫作垂直一体化战略(Vertical integration strategy),关于纵向一体化战略的概念,迈克尔·波特在《竞争战略》中做出过解释,主要针对企业经营过程中如何有效将生产产品、原料供应、产品销售三者有机结合起来做出的解释。在旅游企业中,这个战略就细化为将旅游企业的经营活动拓展为原料供应和销售领域。例如,对于旅行社而言,其纵向一体化战略体现为收购为其提供资源的旅游饭店、民航公司以及销售终端的旅游电子商务网站等。

任何战略的实施都具有极强的目的性,纵向一体化战略的实施也不例外,它将原材料供应、产品制造、分销和销售等各个过程贯穿起来,使它们成为一个整体,从而增强企业的市场竞争力,使企业能够在激烈的市场竞争中,合理有效地支配资源的利用,控制成本,提高质量。从而达到投入小,收入大的目的。

2. 与纵向一体化有关的要素分析

(1)生产量与效率规模

纵向一体化的利益首先在于,与本环节达到效率生产所需的设备规模相比较,企业从相邻环节购买或销售的产品或服务数量。由于前向一体化和后向一体化都属于纵向一体化,那么,下面让我们举后向一体化的例子予以说明。一个后向一体化的企业必须要有足够的成本,有能够供应企业经营过程中的内部需求的能力。这在客观上要求内部供货单位一定要大,大到能够满足企业经营规模,如果没有达到这个程度,那么企业就不能持续经营下去。企业或者必须接受内部生产原料处于成本劣势的事实,或者必须在公开的市场上销售上游单位生产的一些产品。正如我们以后要进一步讨论的,在公开市场上销售多余的产品很困难,这是因为企业不得不把这些多余的产品销售给它的竞争对手。如果企业的需求没有超过一个有效率单位的生产规模,企业就面临着两种一体化成本中的一种,这种情况必然影响利润。一种选择是建立一个效率不很高的仅为满足自身需求的小型企业;另一种选择是建立一个效率高的企业,但要承担在公开市场上销售或购买产品时所可能遇到的风险。

（2）一体化的经济性

如果企业的生产规模大到一定程度,那么这时实行一体化经营战略,就会使各个环节联系起来,例如生产、销售、购买、控制以及其他环节。这使得企业能够更好地节省成本获得利润,提高经济效益。

①合并作业的经济性

企业为了节省成本提高效率,会将一些生产作业结合起来,例如,企业会将一些技术不同的生产环节结合起来,来减少生产过程中的重复的不必要的步骤,将由于生产步骤不可分性引起的闲置生产能力利用起来,比如机加工时间、实物空间、维修设备等。以热轧钢为例,如果把炼钢与轧制操作结合起来,就不必重新加热钢坯。金属制品在进行下一步生产之前,不必把它当作最终产品进行保护以防氧化。闲置的输入,如某一专用机器的闲置生产能力能够在两个生产步骤中应用。机器设备可以被安置得彼此靠近,如许多消费大量硫酸的生产商（化肥公司、石油公司）向后与硫酸生产企业一体化。这一变动节约了运输成本,而且对运输类似硫酸的既危险又困难的产品非常重要。

②内部控制和协调的经济性

如果企业善于实施一体化战略，那么企业内部控制就会比较紧凑，这样就会尽可能地降低成本，当然，这个成本具体体现在计划、协调作业操作以及处理紧急事件的事物当中。一体化单位相邻的位置便于协调和控制。在一个企业内部，实行一体化战略会使各个部门联系更加紧密，兄弟单位之间往往会为彼此考虑，并且使企业用来应付不测事件的闲置能力可以更少。再加上比较稳定的原材料供应，企业能够更好地实现交付产品，可以得到更好的生产计划、交货计划和维护等的控制。这是因为，供应商由于交货失败所放弃的那部分收入要比由于混乱而付出的成本少得多。因此，他们要按时交货的愿望很难保证。企业往往在内部控制上比较容易操作，例如产品样式变化、重新设计或者引入新产品等。这就会使企业大量减少闲置时间，有效协调库存和所需人员之间的关系。

③信息的经济性

企业在经营过程中，往往需要收集一些相关的市场信息，而一体化经营战略就会减少收集信息的时间，从而减少了收集信息的成本。监视市场、预测供应、需求和价格的固定成本能够分摊到一体化企业的各个部分。如果企业没有实行一体化战略，那么这些步骤需要的费用就会分摊开来，相反，如果实行了一体化战略，这些费用就会集中起来，减少重复的费用，这就为企业节省了大量的成本。同时，如果实施了一体化战略，企业所获得的市场信息就会在企业内部的各个部门自由流通，使得企业能够更加迅速、更加准确、更加及时地获得市场信息。

④稳定关系的经济性

上游单位和下游单位之间有着密不可分的联系，如果实行了一体化战略，上下游企业之间就会容易了解和熟悉彼此的业务，这就会使它们之间有一个比较稳定的购买和销售关系。企业之间就能发展效率更高的、更专业化的彼此交往的程序。试想，如果各个单位部门是孤立的，供应商是一个孤立的个体，顾客也是一个孤立的个体,那么在交易过程中,很难实现理想的交易,要么就会被供应商抬高原材料价格成本,要么就会由于生产原因失去唯一的消费者。

稳定的关系能够保证企业上下游单位之间及时的沟通联系。可以促进上游单位调整它的产品(在质量、规格方面),通过这些措施,尽最大可能满足下游企业的需求。同时,一体化战略能使下游单位及时调整自身,以适应上游单位的需要。如果没有实施一体化战略,只是单独在具体需要的情况下上下游单位进行各自的调整,那么这样就会发生需要支付风险溢价的情况,就提高了成本。

3.纵向一体化战略的分类

前面我们已经讨论论过,纵向一体化战略是企业在两个方向上拓展现有经营业务的一种发展战略。因而,它就包括两个方面的内容。即前向一体化战略和后向一体化战略。

(1)前向一体化战略

前向一体化(forward integration)战略也是在迈克尔·波特的《竞争战略》一书中提出来的,是指"获得分销商或零售商的所有权或加强对它们的控制。在很多行业,销售代理商、批发商、零售商是独立的,由于与同一产品的相互竞争的品牌打交道,常常能够赚取最大的利润率[①]"。企业如果采取前向一体化战略,建立自己的销售及分销渠道,往往能够给企业带来稳定的经济效益。比如一些著名的旅游景点可以通过成立具有自主品牌的旅行社、饭店或运输企业来直接面对消费者,这样就不必受制于其他旅行社,使自己获得稳定可靠的客源。

实施前向一体化战略的一种有效方式是特许经营。采用特许经营的形式授权其经销商经销自己的产品并提供售后服务,是用途最广,也是非常有效的前向一体化方式。

---

① 陈继祥,王家宝.旅游企业战略管理[M].北京:旅游教育出版社,2006,第121页

（2）后向一体化战略

一般企业在发展到一定程度时，规模会扩大，这时，企业就会有收购或兼并的需求，以更好满足生产需要。通常，企业会收购或兼并一些原材料供应商，拥有和控制其供应系统，实行供产一体化。后向一体化就是在生产过程中，物流不是一般的从正方向流动，而是从逆方向移动，后向一体化战略的实施，目的是为获得原有产品生产中所依托的稀缺资源。一般而言，通过把相关的供应商合并起来，组成统一的经济联合体，以确保企业产品生产所需的资源的数量和质量，这通常是旅游服务企业的战略。目前越来越多的旅游企业借助金融手段来参股、控股旅游产品供应商，这也是一种后向一体化。如美国运通旅行集团自己拥有提供旅游服务所必需的饭店、信用卡和旅行支票等资源平台，这对于运通满足其高端商务客人的需要有着至关重要的作用。

4. 纵向一体化的特点

一体化的经济性是分析纵向一体化的核心，这不仅是因为它本身的重要性，而且它将对以下要讨论的一体化中的其他一些问题有重要意义。不同的产业内部具有不同的企业，在同一个产业中，也有不同的企业，由于每个企业的优势和弱点不同，因而，一体化战略在不同的企业中发挥的作用也不同。比如，一个企业在成本上比较重视，强调低成本，那么，这类企业就有可能力争所有形式的经济性，最终目的是以最小的投入获得最大的利益。同样，一个在市场销售方面有弱点的企业可能通过避免市场交易而节省更多开支。

（1）开发技术

实行纵向一体化战略，带来的一个潜在的利益就是技术的开发。纵向一体化战略是一个有序的经济战略，这就使企业管理者在进行管理时一目了然，十分明晰。基础企业能够更加了解上游企业和下游企业的动向，了解它们采用的最新技术。技术对一个企业的成长发展至关重要，因而，了解上下游企业的技术动向对于基础企业的发展具有非常重要的意义。这是一种值得单独考虑的重要信息经济性。在许多领域里,零件生产商向前与系统部分整合,试图完全理解零件的用途。由于完全一体化带有某些技术风险,它经常或者时常使开发技术的一体化成为锥形的或部分的一体化。

(2)确保供应和需求

企业实行纵向一体化战略,能够使企业在供应紧张的阶段供应不会中断,如果市场总需求明显缩水,那么在这个时期,就可以保证产品有销路,而不会出现库存囤积的情况。一体化仅仅保证在下游单位可以吸收的程度上对上游单位产品的需求。事实证明,下游企业对上游产品的需求很明显,下游单位通常在紧张阶段,这种需求依赖于对其本身需求。如果下游企业的整体需求都在下降,那么,这将直接影响到一体化内单位的销量。销售一旦减少,说明需求相应的也在减少。因而,实行一体化战略可以在总体上降低需求的不确定性,这个需求的不确定主要是针对来自顾客的需求。

由上面我们可以看出,纵向一体化战略可以大大降低供应和需求的不确定性,这样就可以抑制价格的浮动。但市场往往还是由价值规律主导的,因而,这就不能避免实施一体化战略后能够通过内部价格转移而左右市场变动。在一个一体化公司中,往往会存在转移价格,而转移价格是以市场价格为前提和基准的。如果转移价格与市场价格不符,与在公开市场上应该得到的相比,一个单位就会补贴另一个单位(一个单位境况较好,而另一个单位状况不佳)。上游单位及下游单位就可能根据这个人为价格制定决策,而这一人为价格降低了生产效率,并且对企业的竞争地位不利。例如,如果上游单位以大大低于市场价格的价格向下游单位出售产品,整个公司会受到损失。下游单位的管理者在接受了这种人为降低的价格后,就会寻求扩充自己的市场——然后要求上游单位提供更多的补贴产品。

不要认为对供应与需求的保证会完全防止市场的上升与下

降,而应当认为这会减少对企业影响的不确定性。由于较低的中断风险、供应商与顾客变化的减少,以及由于以高于平均市场水平的价格购买产品以应付紧急情况的现象很少出现,上游单位和下游单位都应该能较好地制订计划。当其中有一个或者两个阶段都是资本集中阶段时,这种不确定性的减少极为重要。保证供应与需求已经在一些产业里作为促进一体化的一个重要因素加以强调,如石油、钢和铝业。

(3)抵消价格谈判实力与投入成本扭曲

一个企业在选择合作伙伴时,往往会从多个因素进行考虑。其中一个重要因素就是要考虑对方的价格谈判实力。而且当对方的实力足够强,投资收益超过了资本的机会成本,那么这时,企业很值得去考虑一体化战略。通过一体化,主要是后向一体化战略,可以抵消价格谈判实力,从而也就降低了供应成本,或者也可以通过前向一体化战略来提高价格,而且企业通过消除与供应商之间一些没有价值的活动,从而提高了企业的经营效率。

尽管从公司的角度看,调整投入的真实机会成本的益处是明显的,但必须注意到,传统的转移价格政策不利于获取这一益处。如果产品的外部供应商具有较强的价格谈判实力,以市场价格进行的内部转移便高于投入的真实机会成本。然而,从管理者动机出发,以市场价格转移能获得管理效益。

(4)差异化能力

实行一体化战略的企业可以通过管理层的管理控制,在控制范围之内提供一系列额外价值,从而使自己变得与众不同,在众多同类企业中脱颖而出。例如,这种能力可以较好地控制销售渠道以便提供最优服务,或者通过内部生产专有零件提供区别于其他企业的机会。下面我们还将进一步讨论这一问题。

(5)提高进入和移动壁垒

一体化战略不仅能够提高企业的差异能力,而且它也能提高移动壁垒。没有实行一体化战略的企业同实行了一体化战略的企业在这方面有着很大的不同,实行了一体化战略的企业可以使资源得到整合,以较低的成本来获得较大的利益。一体化战略带来的利益越大,在客观上就要求其他企业要同步,也要进行一体化。在整合的过程中,在企业规模上会发生很大的改变,在资本上也会有更高的要求。在此时,强迫一体化就会增加产业中的移动壁垒。当然,并不是所有的整合都会产生这种情况,如果规模经济不大,资本需求也不大,那么,这些企业就不需要进行一体化战略,也没有必要强迫它们实行一体化战略。

(6)进入高回报产业

企业实行纵向一体化战略,往往可以整合资源,提高资源的利用率,企业在一体化的生产阶段,具有可以为企业提供大于资本机会成本的投资回报的结构。因而,并不是说一体化战略本身具有经济性,而是它可以带来一定的经济效益。当然,在计算需从相关产业获得的投资回报时,一体化企业必须考虑克服进入壁垒进入到相关产业时的成本,而不是仅仅考虑产业从业者的投资回报。因此,与其他潜在竞争者相比,它一定具有某些潜在优势。

(7)防止被封阻

在一场商业竞争中,好多企业都属于一体化企业,也许一体化带来的效益是隐形的,并不是那么明显,带无论它的作用如何,有一点是毋庸置疑的,那就是可以防止企业失去供应商及顾客。如果在同一个行业中,大部分企业都实行一体化战略,那么,好多供应资源就可以被共享,同时拥有好多顾客群体和零售机会,可以说,企业不仅能够拥有这些资源,而且能够按照自己的需要来进行挑选。在这种情况下,那些没有实行一体化的企业就失去了好多机会,失去了最优资源,而只能在剩余资源里进行争夺,同时,由于这些资源不是最优资源,而且供应商和顾客群体还不稳定,这就给企业带来了一定的风险。因此,封阻提高了获得分销渠道的移动壁垒,或者提高了拥有令人满意的原材料供应商的绝对成本壁垒。

一个企业为了防御目的,必须进行一体化,否则将面临在竞争中被封阻的处境。被一体化了的供应商与顾客的百分比越大，这种处境就越严重。因此，新进入者必须在一体化的基础上进入。如果具有很大的规模经济或资本需求，一体化的需求将会以前述相同的方式提高移动壁垒。在美国的一些产业里，如水泥及制鞋业，封阻的问题引起许多防御性的一体化。

5. 纵向一体化战略的误区

第一，在某一环节中较强的市场地位能自动扩展到另一环节中。一个在基础业务上具有较强的市场地位的企业，可以进行一体化进入一个竞争较激烈的相关业务，并将它的地位扩展到那个市场。假设一个较大的消费品制造商前向一体化进入零售业——一项竞争性很强的业务。虽然被一体化的零售商可以接受所有制造商的业务，由此增加市场份额，但是，如果许多零售商彼此竞争去销售它的产品，则制造商可以得到更好的服务。制造商能够实际上提高对其专门零售商的产品价格——虽然这仅仅是利润从一个单位到另一个单位的账面转移——但是，如果专门零售商随着调整产品价格，它的竞争地位就会恶化。因此，一体化根本不会使一个较强的市场地位自动延伸。只有当一体化本身产生某些现实利益时，一体化才使市场实现扩展，这是因为在这些情况下，一体化改善了一体化企业的竞争能力。

第二，内部交易总是比较便宜。如我们以前讨论的，纵向一体化有许多隐藏成本及风险，它们可以通过与外部企业做交易而避免。但也存在一种可能性，精明的合同交易可使企业在不发生成本和风险的情况下获得一体化利益。一体化的经济性经常被看得很狭窄，并且，一体化决策因此忽略了许多这类问题。

第三，通过一体化进入一项竞争激烈的产业总是很有意义的。通过一体化而进入一个激烈竞争的产业是否明智是值得怀疑的。在这种产业里的企业利润较低，并且要与其他企业激烈竞争来改善其产品质量和服务。在购买与销售中有许多企业可供选择。纵向一体化能减弱激励和钝化积极性。

第四,纵向一体化能够挽救一项存在战略问题的业务。在一定条件下,纵向一体化可以加强业务的战略地位,但极少可以凭借它挽救一项存在战略问题的业务。在纵向链每个环节都是健康的前提下,纵向一体化才可能挽救一项业务。

第五,在纵向链的某一部分上获得的经验能自动地适用于其上游单位或下游单位的管理要求。如我们之前所讨论的,纵向相关业务的管理特点经常是完全不同的。由于业务相近所造成的安全假象能够导致因沿用过去的管理方法而损害新的上游业务或下游业务。

二、旅游企业多元化经营战略

我国的旅游企业一般都是单一经营模式,经营内容一般为旅行社、景区或酒店,即使有一些创新领域,也是在旅行社、景区和酒店的范畴以内。很多企业认为单一化经营使企业经营效率更高,但多元化经营可以提高企业的抗风险能力,还可以提高其国际竞争力,所以想要更好发展还是要推进企业的多元化经营。美国运通公司就是多元化经营的旅游企业典范,其业务范围不仅包括全球旅游,还涵盖了财务、金融投资和信息处理,这种多元化经营模式也为其带来了极大收益。旅游企业多元化发展可以帮助企业更加灵活有效的应对风险,当企业的一些业务遭受风险,可以通过其他业务的盈利填上缺口以减少损失,还可以通过战略转移、业务互补等手段应对风险。

(一)多元化战略的概念

关于多元化战略,波特在《竞争战略》中也将其称为多角化战略,它是开拓发展战略中的一种,是企业发展多品种或多种经营的长期谋划。多元化经营,就是企业在原有的生产规模上扩大生产规模,在原有的生产项目上扩大经营品种,跨行业生产经营多种多样的产品或业务,以拓展市场。这样能够充分发挥企业特长,让企业有更多的发展空间,从而保证企业的长久发展。

其实,关于多元化战略的研究有很多,而最早研究的是美国学者安索夫(H・I・Ansoff)。1957年在《哈佛商业评论》上,安索夫发表了《多元化战略》一文,在文中,他强调,多元化是"用新的产品去开发新的市场"。他的多元化战略主要是针对企业经营的产品种类的数量而言的,因而,这种定义具有一定的局限性。彭罗斯(E・T・Penrose)也对多元化战略有一定的见解,他认为,多元化战略内部包含最终产品的增加,同时还包含垂直一体化的增加,这在他的《企业成长理论》中都有所体现,他的研究是在安索夫的研究基础上展开的,一定程度上弥补了安索夫的不足。由于时代的局限,他的理论也有一定的不足,那就是他将一体化战略和多元化战略混为一谈。1974年,鲁梅尔特(R・P・Rumelt)在前人的基础上,提出多元化的实质是拓展进入新的领域,强调培植新的竞争优势和现有领域的壮大。

(二)多元化战略的意义

1. 有利于分散经营风险

相对而言,旅游业比较脆弱,易受各种外部因素的影响,如2003年"非典"给我国旅游业带来严重的负面影响,战争、自然灾害、经济危机等都会影响旅游业发展的稳定性。旅游企业采取多元化战略,将业务拓展到其他行业,有助于分散经营风险。一般情况下,多元化的行业相关性越弱,分散风险的作用越强。

2. 有利于获得更多利润

在现有市场竞争激烈、市场增长缓慢、利润率下滑的情况下,实施多元化战略,进入更快速发展的市场,可以寻求新的市场增长机会;在其他市场有更高的利润率,而旅游企业又有一定实力进入这些市场领域的情况下，实施多元化战略可以扩大利润来源。如21世纪初期房地产市场快速发展，一些旅游集团进入房地产行业，攫取了高额利润。

3. 有利于获得范围经济

范围经济是指企业扩大生产或经营的范围，使多项业务可以共享企业资源，从而进一步降低平均成本，提高经济效益。例如，旅游企业同时从事会展、酒店、旅行业务，这些不同的业务可以共同使用企业的营销系统；景区从事地产的开发，也有利于充分利用景区规划和开发的技术和经验。范围经济主要得益于技术的匹配性、管理的共通性、运营和营销上的共享性。

三、旅游企业集团化经营战略

企业集团结构战略是指把母公司、子公司、关联公司作为企业集团整体，为使集团具有更好的"公司组合"而制定战略的过程。所谓更好的公司组合或称集团的优化组合，就是由业绩更好的公司来组成企业集团。过去，在一个企业内改善产品构成的战略通常被称为改进产品组合，把产品组合的概念扩充到企业集团中，称为企业集团结构战略。

(一)旅游企业集团化战略的概念及分类

1. 旅游企业集团化战略的概念

"旅游企业集团化是指单体旅游企业组建旅游集团，进行集团化经营的动态过程。其中，旅游集团作为一种企业集团，是一种介于市场与企业之间过渡状态的资源配置手段，表现为以股份公司制度为基础，有共同利益、相互之间存在制约性、由两个或两个以上的独立企业单位组成的、具有层次性的企业联合体。其成员间的制约是通过资本连接为基础的，并带有内部交易色彩的制度性方式加以实现的[①]"。由此可以看出,旅游企业的集团化战略是指,将旅游企业作为主体,通过产权关系和生产经营协作等多种方式,由众多法人组成的经济联合体发展战略。

很多原因都会导致战略集团的产生,例如公司最初的优势与劣势的不同、加入某产业的时间不同及经历的事件不同。集团内部成员在总体战略上基本一致,同时在其他方面也有相仿的地方。集团内部成员在寻求市场份额时趋向相近,在受到外部影响时也会做出相似的反映。因为他们有相似的战略目标,可以将战略集团图作为一种分析工具使用,这具有重要意义。

我们可以将产业战略集团表现在一张图上,即战略集团划分图(图 2-5),由于二维平面的限制问题,我们将选取几个重要的战略方面构成图像。为了方便进行解释分析,将标志图形大小表示每一战略集团中公司市场份额之和。

战略集团划分是针对结构分析设计的一种分析工具。可以通过战略集团划分作为产业整体与各公司之间的参照。战略集团中的每个公司都有其独特性,对战略差异的重要程度进行判断就成了一个必然课题。而对战略差异的重要程度进行判断与结构分析有联系,当公司间的战略差异明显影响到其产业地位,就应该在定义战略集团时对其加以重视。

2. 旅游企业集团化的分类

目前我国旅游企业集团化的发展战略有很多不同的分类。例如,从集团化的成长方向上来看,有纵向一体化和横向一体化的战略;从集团内部的架构形式来看,有以资产关系为纽带(合资、参股等)的紧密与半紧密联合型,以及以协议、协作为纽带的松散关系型;还可以从组建旅行社集团的驱动力来看,有政府推动型、企业联合型与混合推动型三种可选择的模式。

---

① 戴斌. 现代饭店集团研究[M]. 北京:中国致公出版社,1998

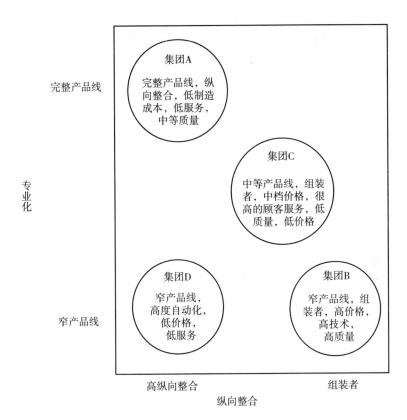

图 2-5 假定产业的战略分组图

（1）企业联合型

企业联合体是针对没有建立资产关系的企业而言的，是这些企业的联合体。这些联合体有一个共同的目标，那就是联合开发市场、分享市场资源、互相合作。通常它们不是一盘散沙，而是有一定的组织，这个组织通常是一个类似行业协会的组织。这种做法是先有联合体成员，后有联合体。这种类型的优点是整体管理氛围比较宽松，缺点就是缺乏明确的产权关系，有时候甚至出现管理不灵，各行其是的局面。整体而言，在市场经济条件下，这种组织形式很难成为一种有效的组织形式，属于松散联合型，缺少集约式的指挥核心。

（2）政府推动型

政府推动型也称为行政组合型，就是发挥政府的力量，使各级行政部门将一些旅游企业捏合在一起，使整个行业规模变大，组成所谓的旅游企业集团。而这些由政府组织起来的旅游企业大多数规模比较陈旧，没有建立起现代企业制度。由于受政府干预较大，因而企业和集团运行的动力不是市场规律，而是行政命令或领导人意志，这样就很容易导致决策的个人化倾向，从而给集团造成巨大损失。例如，国旅虽然在20世纪90年代初就在政府推动下成立了集团，但由于条块分割和部门割据一直无法形成规模效益，直到1997年才资产重组，真正实施了以现代企监制度为基础的集团化战略。

（3）混合推动型

混合推动型也称为双重驱动型，即在市场的推动下，借助政府的合法引导，由政府、市场和企业三方面协调一致而组建集团的模式。这种兼有市场与行政色彩的发展模式起源于日本，又被称为"东亚模式"。这一模式在市场经济体系和企业自动组织机制不健全的亚洲，有着广泛的应用价值。但是如果不能把握好政府干预的尺度，很容易出现大型企业集团由于行政化、效益低下、盲目扩张而导致财务危机乃至破产的危险。

（二）企业集团战略与结构转换战略

产品结构分析法是近年来旅游企业运用最为广泛的经营战略技法，简称PPM法（Product Portfolio Management）。

为了把PPM方法应用于企业化集团的战略中，有几个概念需要明确。

第一，在企业集团结构战略中，PPM图表可以划分为明星企业区、摇钱树企业区、问题企业区、败北企业区等四个象限。

第二，在产品结构分析中，PPM图上的每个圆表示产品的销售额，而在企业集团结构分析中，每个圆不表示产品，而表示集团内每个企业的销售额：纵坐标表示各公司的销售额增长率，横坐标为企业的市场占有率,当然也可以画企业集团的利润 PPM 图表,这时的纵坐标是各企业的利润增长率。

第三,关于市场占有率的解释。在 PPM 中,市场占有数是计算产品的市场占有率,再计算相对市场占有率的,而在这里需要考虑的是企业全体的市场占有率,这种做法对于专业制造企业来说还是适用的,但是对于一个企业与多种市场有关的情况,就很难计算整个企业的市场占有率。因此,可以求出集团全体的销售额合计与其中一个企业的销售额之比来代替市场占有率,即不与竞争企业发生关系,只用集团内的销售额构成比率来代替市场占有率,再用相对市场占有率的概念和计算方法,求出相对的销售额构成比例。

第四,企业的生命周期。在企业集团内部可以区分老朽企业、成熟企业、成长企业、新建企业等,在企业集团战略中,企业生命周期概念的意义在于如何组合各种企业,探讨在集团内部各种企业应有的比率、扶植哪种企业、控制或限制哪种企业、舍弃哪种企业等问题,以达到最佳的企业组合。

第五,重心的意义。在企业集团的 PPM 分析中与 PPM 的情况一样,重心具有重要意义。如果有个销售额增长率增长快、市场占有率也大的企业加入到集团内,整个集团的 PPM 图的重心就会向右上方移动,相反,如果吸收一大批销售额很少而且销售额增长率也慢的企业,整个集团的重心就会向左下方移动。可见重心象征着一个集团的连接财务决算结果之优劣。

通过这种现象可以讨论,当把亏损企业或不盈利的企业纳入到企业集团统一决算的范围内和不纳入统一决算时的区别,即可以掌握连接财务决算对集团财务体制所带来的具体影响。因此,如果计算出把不良企业纳入集团连接决策的前后,重心的移动方向和距离,就能决定在企业集团的连接决算中能够允许容纳哪些企业的问题,即集团内企业组合的优化问题。

一般来说,重心在 PPM 图上明星区的集团是优秀的企业集团,而重心在败北区的集团,不用研究财务结算数据也知道是劣等企业集团。

第六,扩散度的意义。扩散度是把集团在 PPM 图上的分布情况或扩散的状况进行数据化。在一个集团内如果有销售额增长率高的企业和非常低的企业同时存在,那么,扩散度就大;如果占有率非常大的企业和非常少的企业同时存在,这种集团的扩散度也大。相反,在集团内的企业之间,销售额的增长率或者占有率的差别较少的情况下,扩散度就会变小。

一般来说,越是热心于多角化经营的集团(或公司),扩散度越大;越是保守,坚守过去市场的企业集团,其扩散度也越小。因此,虽然单靠扩散度是不能决定进行连接决算的企业集团的优劣,但是如果同时研究重心和扩散度,就能了解一个集团的业绩的好坏,未来的发展趋势等。

(三)企业集团的优化组合

过去我们常从财务报表或财务分析的角度探讨企业集团内部的子公司或关联公司,这种传统的方法虽然比较正统,但并非是唯一的方法。从企业集团结构的角度分析有问题的子公司和关联公司,就有可能进行更为战略性的探讨。

第一,运用结构战略横断面分析,可以进行企业集团内各企业之间的经营比较。

在企业集团 PPM 图中,纵坐标和横坐标分别表示集团内各企业的成长性及竞争能力,有问题的子公司或关联公司必然位于 PPM 图的左下方,优秀的企业位于右上方。通过各企业在 PPM 图上的位置,不仅明确各企业的业绩在该集团内的优劣顺序,还能够在业绩大致相同的那些企业之间,具体判断相互之间的差距。

第二,时序列分析。在横断面分析中,能够在一张图上表示集团内的所有企业在某一时点(比如最近的会计年度)的情况,而通过时序列分析可以研究集团内每个企业在过去几年中的业绩的变化情况以及未来的发展趋势。对于有问题的企业,通过跟踪几年来的发展轨迹,找出从何时开始,变化了多少,其理由是什么,如有必要可以进一步通过该企业的产品结构、每个产品的损益情况、职工的素质等分析找出问题的本质。

第三,企业集团利润结构分析图。企业集团的利润 PPM 图又称连接利润 PPM 图,在这里 PPM 图上的圆的大小表示每个参加连接决算企业的利润额。纵坐标表示利润增长率,横坐标表示集团内部各企业的利润构成比。

为了利用利润 PPM 图,首先对其中的亏损企业的圆圈用红色、盈利企业用黑色或其他颜色涂上,以示区别。还要明确表示母公司的圆。其次求出利润 PPM 图的散心或扩散度,就能了解该集团的利润体质。再把利润 PPM 图与销售额 PPM 图加以重叠比较,可以发现集团内部有些企业销售额大而利润少;有的销售额不大可利润却很大;而有的企业利润和销售额都不大。

第三节　旅游企业竞争战略

旅游企业经营的竞争战略,是指对市场竞争力量进行分析判断,寻找适合自身的竞争战略,从而形成竞争优势。企业竞争战略可分为三种类型,成本领先战略、差异化战略与集中化战略。影响企业竞争战略选择的因素有很多,包括企业的发展目标、产品或服务以及成本等。

一、成本领先战略

成本领先战略是通过降低产品或服务的成本来提高自身竞争力的竞争战略。这种方式要求企业对生产经营活动进行有效组织和管理,以达到降低成本的目标,从而获取竞争优势。

成本领先战略是否能成功首先要看企业能否得到成本领先

地位,而这取决于企业价值链活动的布局。旅游企业组想采取该策略,就应该明确企业的价值链构成,要具体了解每一项活动对企业做出的贡献,通过分析这些活动的价值比例建立新的价值链。企业可以通过改进设计、实行生产革新和自动化、节约原材料、简化产品、降低管理费用和人工成本等方法来降低企业的生产成本。

(一)采用成本领先战略的优势

1. 形成进入障碍

一些企业已经建立起了自身的生产规模优势和成本优势,这些低成本企业就可以利用这些优势对想要进入行业的潜在企业形成进入阻碍,降低其他企业进入的概率。

2. 在和现有竞争对手的竞争中取得优势地位

价格是市场竞争中一个重要方面,成本领先企业通过其低价格的竞争优势抢占市场,吸引更多消费者,取得市场竞争中的价格战胜利,获得高利润。

3. 降低替代品的威胁

为了吸引消费者,抢占市场份额,一些企业或行业会推出一些低价替代品。成本领先企业可以降低低价替代品带来的竞争威胁,获取竞争优势。

4. 增强对购买者讨价还价的能力

拥有低成本优势的企业,具有在一定程度上防御客户讨价还价的能力,因为议价也有底线,如果谈判价格低于行业最低水平,将会导致其他企业被动退出市场。所以,通过成本领先战略,企业可以提高行业垄断水平。

5. 有效抵御供应商的提价行为

成本领先企业在应对生产资源提价时也可能更为灵活的应对。当强有力的供应商提高生产资源价格时,成本领先企业可以更为灵活的减少价格冲击。

(二)采用成本领先战略的劣势

采用成本领先战略就意味着要时刻保证企业生产设备的高效率,防止产品产业链扩展,同时要保证企业生产技术的进步。也会有一些企业模仿成本领先企业的成本结构,这会对成本领先企业的优势造成冲击。

二、差异化战略

差异化战略,是指企业选择区别于其他企业或是消费者偏向性强的产品特性获得竞争优势的战略方法。选择差异化战略的企业主要通过寻求具有特殊性、创新性的产品和服务获取竞争优势,关注产品和服务的品质、创新性以及消费者反应。这种竞争战略的关键在于能否提供符合消费者需求的差异化产品或服务。

(一)采用差异化战略的优势

第一,差异化的产品和服务具有独特性,在交易中使企业处于主导地位;第二,通过差异性产品可以提高消费者的品牌忠诚度;第三,由于差异性产品的独特性不易被模仿,自然对想进入行业的其他产业造成了障碍;第四,低价替代品很难能够替代差异化产品,降低了企业产品或服务被替代的风险;第五,差异化产品为企业创造更多利润,提高企业行业竞争力。

（二）采用差异化战略的劣势

差异化的产品或服务不可能保持独特性，虽然这些产品和服务不易被模仿，但通过较长时间的探索和模仿，便会有其他产品或服务替代其在消费者心中的地位。同时，采用差异化战略会提高生产成本，需要企业增加投入，无法保证企业获取高额利润。

三、集中化战略

集中化战略，又称为重点战略或聚焦战略，采用这一战略企业要对企业内部条件与企业外部的市场环境进行充分调查研究，在此基础上将产品或服务投放于某一特定消费者团体、产品线的某一部分或某一地域市场上。集中化战略的核心在于锁定消费群体，在某一消费群体或地域性市场开展经营活动，是一种具有针对性的竞争战略。

（一）采用集中化战略的优势

采用集中化战略的企业，能够划分并控制一定的产品势力范围。在这个范围内，其他竞争者不易与其竞争，所以市场占有率比较稳定。通过目标细分市场的战略优化，企业围绕一个特定的目标进行密集的生产经营活动，可以更好地了解顾客和市场，能够比竞争对手提供更为有效的商品和服务，获得以整体市场为经营目标的企业所不具备的竞争优势。

（二）采用集中化战略的劣势

实施集中化战略的企业，也存在着一定的风险，市场细分使旅游企业的市场范围缩小，这就要求企业必须通过提高自己在目标市场的占有份额才能增加销售收入与利润；竞争者可能在较小的目标市场中分解出更小的市场群，并以此为目标来实施集中化战略,从而分割了原有的市场;顾客的偏好和需求经常会发生变化,而集聚战略则往往缺乏随机应变的能力;企业的经营状况直接与自己的目标市场相联系,一荣俱荣,一损俱损,这就增加了企业经营活动的风险。

第三章 旅游企业日常工作管理

旅游企业的日常管理主要是指旅游企业的人力资源管理和财务管理,做好企业的人力资源管理工作和财务管理工作对企业的发展具有重要的意义。

第一节 旅游企业员工招聘与培训

一、旅游企业员工招聘

(一)员工招聘的含义

所谓人力资源招聘,就是指在旅游企业总体发展规划的指导下,制定相适应的职位空缺计划,通过各种信息途径寻找和确定工作候选人,以充足的质量和数量来满足组织的人力资源需求的过程。让潜在的合格人员对本企业的相关职位产生兴趣并且前来应聘这些职位是它的实质。

(二)员工招聘的原则

通常情况下旅游企业进行员工招聘有以下几种原因:旅游企业新成立;因为一些原因现有的职位出现空缺;需要增补人员满足旅游企业的扩大;对不合理的职工队伍进行调整等。无论是何种原因,旅游企业在人员招聘工作中必须符合以下原则。

1. 符合国家的有关法律、政策和本国利益

在招聘中应坚持平等就业、相互选择、公平竞争、禁止未成年人就业、照顾特殊群众、先培训后就业、不得歧视妇女等原则。由于用人单位的原因订立无效劳动合同或违反劳动合同者,旅游企业要承担相应的责任。

2. 努力降低招聘成本,提高招聘的工作效率

这里所指的招聘成本包括:招聘时所花的费用,即招聘费用;因招聘不慎,重新再招聘时所花的费用,即重置成本;因人员离职给企业带来的损失,即机会成本(费用)。

3. 任人唯贤

由于我国人力资源管理工作的指导思想是服务于社会主义现代化建设,发现人才和合理地使用人才是其最根本的任务。因此,在新时期用人标准还是必须遵守用人唯贤的基本原则。这里,所谓的"贤"就是德、才。我们所要求的德是不谋私利,要将祖国和组织的利益放在第一位;推动社会发展和进步所需要的知识、能力和创造精神是企业所需要的人才需要具备的能力。

4. 招收考试原则

这是坚持任人唯贤原则的重要条件,是确保人员任用质量的一种有效手段。一些发达国家认为"要得到第一流的人才,就必须通过公开竞争考试"。考试主要是考察员工的业务水平、工作能力和工作态度。对员工进行评价的依据就是考察成绩的优劣,这一措施也有利于发挥员工的积极性和创造性。大多数旅游企业在人员选聘中采用"公开考试招聘,择优聘用"的方法,已被实践证明是人力资源管理与开发的有效方法,并且取得的效果也很好。

5.量才适用

要想人力资源充分发挥其作用,就必须使人们的专长和能力与他们的工作要求和职位相一致,这就要求旅游企业人力资源管理部门遵照量才适用的原则。通常所讲的量才适用,就是根据每个人的专长和能力、志向与条件,做到才以致用、各得其所、各尽其才。实行这项原则,首先要对工作进行分析,明确各个职位的要求与条件;其次,还要明确了解个人专长、才能和志向、性格等,只有对人进行了全面的了解,才能对人进行合理的利用。能力测验、性格测验、兴趣测验等心理测验有助于我们了解人的专长、才能、志向和性格。

6.公平、公正、公开

要得到第一流的人才,最主要的方法就是通过公开竞争考试,这是确保人员任用质量的一种有效手段,也是坚持"任人唯贤"原则的前提条件。大多数旅游企业在人员选聘中采用"公开招聘、竞争考试、择优录用"的方法,已经被实践证明是人员招聘的有效方法。

(三)员工招聘的意义

市场竞争归根究底是人才的竞争,企业经营战略的实施,各个阶段都必须有合格的人才作支撑。员工流动的问题是当代企业,尤其是旅游企业普遍面临的问题。旅游企业要想将自己所需要的人才永远留住是不可能的,这也是人力资源管理手段所无法控制的。有人员流动就需要对人才进行招聘,而且旅游企业内部存在着正常的人员退休、人员辞退及人员调动,所以人员招聘工作是旅游企业人力资源管理过程中经常需要做的工作。

招聘工作非常的复杂,如果盲目招聘,就无法保证员工队伍的素质,而且造成的经济损失也会很大。旅游企业招聘人员主要有以下几个方面的意义。

（1）人员招聘工作与旅游企业的生存和发展息息相关。如同生产高质量的产品需要高质量的原材料一样，高质量的人力资源才能使旅游企业赢得生存与发展。在激烈竞争的旅游市场中，没有较高素质的员工队伍和科学的人事安排，企业就有可能被淘汰。为确保旅游企业获得高质量人才而进行的一项重要工作就是员工招聘。

（2）招聘是确保员工队伍良好素质的基础。旅游企业只有招到合格的人员，并将其安排到合适的岗位上，在工作中注重员工队伍的培训和发展，员工的队伍素质才能得以保证。

（3）员工招聘是旅游企业增补新员工的重要途径。为了旅游企业的经营需要能得到满足，有计划地从社会上招收录用一定数量的新员工是旅游企业人员管理的基本任务。根据工作分析的结果，人员的补缺、人员的流动增补都需要进行招收与录用工作。人员的及时与合理补充是旅游企业顺利经营的重要保证。

（四）招聘的途径

旅游企业获取人力资源的途径有内部招聘和外部招聘，也就是说旅游企业可以用自己现有的人员来填补某项特定的工作，也可以从旅游企业以外的劳动力市场选拔优秀合格的人才。但无论是内部招聘还是外部招聘都是有利有弊的。

1. 内部招聘

据有关调查显示，美国有90％的管理岗位是由内部招聘来填补的，通常旅游企业会优先考虑内部招聘，只有在企业内部没有人才或者企业的情况不适合内部招聘时，才考虑外部招聘。

内部招聘的优势主要有：

（1）可以给内部员工一些提升的机会，从而激发员工的积极性；同时，也可以激励和鼓舞其他员工，对员工的动机和士气产生积极的作用。

（2）招聘环节减少，招聘费用降低。

（3）通过绩效考评，旅游企业对内部员工的工作情况比较了解，员工对旅游企业的组织结构、服务流程、服务标准等也已经熟悉，因此，内部招聘可以使对员工预期的不准确和对旅游企业不满意的可能性降低。

（4）旅游企业对现有的人力资源投资非常大，对现有的人力资源进行充分的开发和利用，能够使旅游企业的投资回报提高。

然而，内部招聘也存在一些缺点。内部招聘无法进一步吸收到优秀的人才，从而导致企业缺乏活力，在内部提升中如果选拔不公平、公正，会打消员工工作的积极性，引起内部明争暗斗，工作上相互牵制。

旅游企业在内部招聘的过程中，通常以发布公告的形式向员工传递招聘信息。许多旅游企业在员工食堂、员工休息区、员工宿舍等设置信息栏，通过信息栏发布招聘公告，如果旅游企业设有完善的内部网进行员工间相互沟通、传递信息、文化交流，人事部门就会在内部网上及时发布职位需求信息。公告中详细说明所需职位的名称、报酬以及任职资格，员工向所在部门提出申请，旅游企业按照公开、公平的原则经过严格的筛选程序进行人员选拔。

2．外部招聘

外部招聘有多种渠道，我们比较常见的有大学校园招聘、员工推荐、媒体招聘、职业介绍机构和人才交流市场、网络招聘等。

（1）大学校园招聘

大学校园是旅游企业优秀人才最为主要的来源地之一。我国目前的高等教育对学生的动手能力越来越重视，在教学计划中有相当分量的实践教学，旅游企业与学校采取实习、就业联合一体的方式，学生的实践教学在旅游企业中进行，旅游企业对实习的学生进行考查，实习结束后旅游企业根据实习情况选拔聘用合格学生在旅游企业就业。

（2）员工推荐

员工推荐可节约招聘费用和时间,尤其对关键职位的人选,经有关研究机构调查这种聘用形式比其他聘用方式更有效,员工流动性小。其缺点是容易在企业内部形成一种裙带关系,不利于企业内部员工的团结。

（3）职业介绍机构与人才交流市场

旅游企业在开业之初,需要大量的人才,可以借助专门的机构来招聘员工。旅游企业只要将有关招聘信息传递给这些专门机构,应聘人的相关资料就可以直接的获得。但有的机构管理并不是十分的规范,应聘人员也存在很大的差距,优秀的人才很难被选拔出来,成功率不是很高。

（4）媒体招聘

利用广播、杂志、电视、报纸等进行招聘宣传,这种招聘方式信息传播的速度非常快,而且覆盖面非常广,但是需要花费大量的精力去筛选,而且时效短、成本费用也非常的高。

（5）网络招聘

网络招聘是指旅游企业通过在人才网站发布招聘信息的方式进行招聘,旅游企业现都逐渐接受了这种招聘方式。因为,网络招聘相对于传统招聘方式收费低,招聘面广、时效长。旅游企业应对网络技术进行充分的利用,与正规专业的人力资源网站建立起合作的关系,使招聘的效率提高。

（五）员工招聘的程序

员工招聘的过程是发现求职者并根据工作要求对他们进行筛选的过程,这个过程一般包括以下几个步骤。

（1）制定招聘计划。在工作分析和人力资源规划的基础上,以工作说明和工作规范为依据,确定具体的用人标准和任用人员的种类及其人数。

（2）确定招聘途径。确定是选用内部选拔方法还是外部聘用方法,是员工推荐还是广告招聘,是推荐大中专毕业生还是有经验的员工。

(3)应聘者填写求职申请书。了解应聘者情况最常用的方法就是看求职申请书。应聘者的大致情况,旅游企业可以从求职申请书上获得,并作为对应聘者面试和综合判断的依据。

(4)检查应聘者个人资料。为了对应聘者的情况作进一步的了解,需要到应聘者原来所在企业、学校去了解情况,对基本情况予以核实。

(5)初次面试。旅游企业通过与应聘者面对面地接触可以确定应聘者的仪表、表达能力等是否符合旅游企业的要求,并能迅速了解应聘者对待遇、工作环境、工作时间的要求以及其经历和学历的大致情况。

(6)测试。为了对应聘者的知识和能力水平有所了解,旅游企业要对应聘者进行测试,测试的内容与方式以职务所要求的范围和标准为基础,测试的目的主要是给应聘者一个客观的评价。

(7)任用面谈。基本确定应聘者之后,在录用之前还要进行面谈,对其个性、抱负、兴趣、经验等做了解,以考查应聘者对将来所从事的工作是否有充分的了解,其兴趣、技能是不是和自己的工作相吻合。

(8)体检。体检是旅游企业招聘与录用工作中不可缺少的一个环节,旅游企业的各项工作都关系到客人旅行体验和身体健康,餐饮企业尤为突出。首先,要挑选身体健康,没有传染病的员工;其次,要为员工建立健康卡片,对员工的个人健康状况进行追踪。此外,旅行社的导游人员要经常带团出行,必须要有强健的体魄。

(9)审查批准。将应聘者的申请书、参考资料、面谈记录等统一汇总,由旅游企业最高管理层做最后的批准。

(10)录用报到。通过以上环节,确定录用人员之后,要颁发录用通知,为了郑重起见,录用通知尽量以书面的形式呈现。

(11)对未被录用者表示感谢。对没有被录用的人员发放未被录用通知书,感谢其对企业的信任,并表达美好祝愿。

（六）员工的甄选方法

无论是外部招聘还是内部招聘,在具体操作过程中都必须按照招聘的程序进行,采用恰当的甄选方法进行严格筛选,以确保旅游企业招收到的员工合格。一般来说,甄选的方法主要有专业笔试法、面试法、情境模拟法、心理测评法等。

1. 笔试法

笔试是让应试者在试卷上回答事先拟好的试题,然后由评估人员根据应试者解答的正确程度进行成绩评定的一种测试方法。旅游企业主要通过这种方法测试应聘者的专业知识、管理知识以及综合分析能力。笔试可以大规模的进行,并且比较客观公正;但是应聘者的口头表达能力和实际操作能力却无法通过笔试表现出来。

2. 面试

与应聘者直接进行交谈就称之为面试,观察其言谈举止,可以了解到应聘者的知识状况、能力特征和求职动机等基本情况。面试根据方式方法不同又分为结构性面试、非结构性面试、压力面试、小组面试和系列式面试等。

（1）结构性面试是指根据事先拟定的纲要来进行面试,纲要拟定的基础是工作分析。如果求职者应聘的是同一工作,那么他们所回答的问题也是相同的,面试者按照清单提问并将求职者的回答记录下来,这便于对不同的应聘者进行比较。结构性面试获得的信息比较全面、系统。

（2）非结构性面试与结构性面试正好相反,它所问的问题并不是事先拟好的,它是一种比较随便、开放式的面谈,如:你和同事的关系好吗？你认为自己最擅长哪些方面？等等。非结构性面试非常灵活,面试氛围宽松、和谐,但这种面试对应聘者的信息无法系统的了解,而且存在很大的主观性,测试的准确度偏低。

(3)压力面试是将应聘者置于压力之下,对应聘者的情绪变化进行观察,看他承受压力的能力如何。在压力面试中,面试者故意采取一种不友好和敌对的态度,对应聘者提出一系列不礼貌、冒犯的问题,将应聘者置于尴尬、难堪的境地。压力面试通常用于对谋求要承受较高心理压力岗位的人员的测试,旅游企业在面试中只对有这种需要的工作采用压力面试,如公关销售工作人员和大堂经理等。

(4)小组面试是指两个或两个以上的面试者对一个应聘者进行面试。允许每位面试者提出不同的问题,可以得到更深入、更有意义的回答。

(5)系列式面试是指数位面试者分别对应聘者面试,由每一位面试者以自己的看法为依据,向应聘者提问,然后记下自己的评价意见,最后所有面试者经讨论做出评价判断。

3. 情境模拟法

所谓情境模拟法是指模拟真实的工作环境和过程,让被试者在模拟的情境中将自己的才干充分表现出来,由评价员在旁边观察并根据测评要素进行评定的一种方法。旅游企业在招聘中采用情境模拟法不仅可以考察应聘者的语言能力、应变能力,还能考察应聘者的心理素质和形态举止。

4. 心理测评法

心理测评法是指对个体的心理特质进行测量和评价。这种测评方法被现在许多企业选拔人才时所采用,如联想集团是国内较早在招聘中运用心理测评的企业。在旅游企业招聘中仅凭外表和简历在众多的应聘者中选拔优秀人才,其成功率并不高,为了对应聘者的能力、人格、兴趣等做进一步的了解,对其进行心理测评是非常必要的,能为人职匹配提供重要的依据。心理测评按测评的功能可分为能力测评、成就测评和个性测评。

二、旅游企业人力资源培训

(一)员工培训与开发的含义

培训开发是指旅游企业通过各种方式使员工具备完成现在或将来工作所需要的知识、技能并改变他们的工作态度,以改善员工在现有或将来职位上的工作业绩,并最终实现企业整体绩效提升的一种计划性和连续性的活动。对培训开发含义的准确理解,应把握以下要点。

(1)旅游企业的全体员工是培训开发的对象,而不是针对某一部分员工。但是这并不是就说每次培训开发的对象都必须是全体员工,而是说应当将全体员工都纳入到培训体系中来,不能有员工在培训体系之外。

(2)培训开发的内容要和员工的工作密切相关,与工作无关的内容可以排除在培训开发的范围之外。此外,培训开发的内容必须全面,只要是与工作有关的尽量都要包括进来,如知识、技能、态度、企业的战略规划以及企业的规章制度等。

(3)要将改善员工的工作业绩并提升企业的整体绩效作为培训开发的目的,企业进行培训开发的初衷和根本原因也正是如此,这也是衡量旅游企业培训开发效果的标准。

(4)企业是培训开发的主体。也就是说培训开发应当由企业来组织实施。有些员工可能会进行自学学习,虽然工作业绩也得到提高,但是不能看成是企业的培训开发;如果这种自学是由企业来组织实施的,就属于培训开发的范畴。

(二)员工培训的意义

1. 适应环境变化,满足市场竞争需要

随着现代旅游企业的迅速发展,对员工素质的要求也越来

高,无论是管理人员还是基层员工,都面临着知识更新的日益加快以及目标配置需求的日新月异,如果不能不断的进行学习,补充新的知识,以适应环境的变化,就无法适应工作的需要。通过教育、培训,可以对落后的工作方法进行改进,使员工掌握新的技能,从而提高服务质量,这样旅游企业才能在激烈的竞争中占有一席之地。

2. 为员工的自身发展提供条件

人力资源开发并非只是对企业有利,对员工自身的发展也是有很大帮助的,是一种"双赢"。通过培训,员工的知识可以增长,技能和服务效率得到提高,从而个人的收入增加。接受新的管理理论的熏陶,有助于扩大知识面和扩展工作领域,为以后的创新和晋升打下坚实的基础。对高层管理者而言,通过教育和培训可以提高管理决策水平。

3. 稳定员工队伍,减少离职现象

与其他企业相比较,旅游企业员工具有更大的流动性。虽然员工流动有利于保持企业的活力,但员工频繁流动也会导致企业成本的上升。降低离职现象的发生率,也就意味着企业成本的节省。通常来讲,资深员工比资历较浅的员工具有更多的特殊人力资本的意义。在进行培训的过程中,员工和企业既分摊了培训的成本,同时又分享了培训的收益。分享收益意味着员工和企业都有能力继续合作,员工对于就职企业的价值高于他们对其他企业的价值,员工的离职对其个人和企业都是一种浪费。

4. 有利于增强企业的凝聚力和竞争力

从发达国家企业发展的实践来看,企业人力资源开发是企业竞争力的主要来源,企业人力资源开发能使企业产生持久的、强大的竞争优势。企业通过各种教育激励措施,增强员工的归属

感、参与感、满足感,将积极性和创造性充分发挥出来,使员工将热情、规范、优质、高效的服务视为自己的责任与义务,从而使企业的凝聚力不断增强。

(三)员工培训的类型

1.岗前培训

坚持"先培训,后上岗"的原则,岗前培训是指旅游企业的员工在上岗前所进行的培训,根据培训的内容不同又分为一般性岗前培训和专业性岗前培训。

一般性岗前培训,主要由人力资源部组织实施培训,培训的内容应以企业和员工两方面的需要为基础,主要有:介绍企业的企业文化、基本概况、组织结构,熟悉企业的各项规章制度、报酬、福利,参观了解旅游企业的内外部环境等。一般性岗前培训要想取得积极的效果,必须找准企业与员工之间的平衡点。

专业性岗前培训,主要由培训师根据新员工将来所要分配的部门和岗位有针对性地进行专业训练,使新员工在上岗前掌握将来岗位的工作流程和基本技能,对新工作能尽快适应,以使旅游企业不会因为新员工不熟悉业务导致服务质量下降。

2.在岗培训

在岗培训指对旅游企业在职人员进行的提高综合素质的不脱产培训,它是岗前培训的一种延伸,其主要形式有重复培训和交叉培训。旅游企业员工的大部分技能和专业知识是通过在岗培训获得的,在岗培训是一项长期、持续不断进行的工作,在岗培训应与员工的职业发展相一致,贯穿员工的整个职业生涯。

3.岗外培训

岗外培训主要指旅游企业为了发展和员工职位晋升等需要安排员工暂时脱产进行专门的训练,岗外培训通常是由旅游企业以外的专门培训机构、行业协会或旅游大专院校组织实施培训，有些对人力资源管理重视和实力雄厚的旅游企业还会派遣员工出国进修学习，通过以培训班、研讨会、考察、参观学习等形式的培训，更新员工的观念，学习到更多的专业知识和先进经验，对旅游企业和员工个人的发展起到非常积极的作用。

（四）员工培训的方法

1.课堂讲授

在员工培训方法中课堂讲授运用得较为普遍。这种方法的优点是：成本较低、所耗费的时间较短；有利于对知识的系统讲解和接受，培训进度易于掌握和控制；对于一些难度大的内容有利于更加深入的了解，而且培训的对象大多是一个群体。但由于这种方法的信息交流主要是单向的，受训者被动接受信息，没有实践和反馈的环节，这些因素会阻碍培训成果的转化，对培训的效果造成影响。

2.学徒制

学徒制是选择一名有经验的员工对受训者进行关键行为的示范、实践、反馈和强化，从而达到培训的目的，一些技能行业多采用这种"师傅带徒弟"的方法。师傅对徒弟的培训应该是全面的，不仅包括技术、工艺、操作、服务技巧、办事方法，而且包括思想、作风、伦理。这种方法非常节省成本，因为学徒工作的工资报酬都是非常低的。但这种方法存在一定局限性，通过学徒制进行培训只能进行某一种技能的培训。但很多企业管理者希望寻找技术全面的员工，他们认为学徒掌握的技术不足以应对当前的新技术变化，从而不雇佣学徒。

3.讨论会

这种方式主要针对培训人数较少的情况。讨论会的方式可以使受训者更加主动地参与到培训过程中,可以增强培训效果;同时培训者可以及时了解受训者的学习程度。通过讨论会,受训者的责任感和工作态度可以有所改进。

4. 工作轮换

工作轮换法是企业内部进行的培训方法,企业会为受训者安排部门和岗位进行培训学习,通过这种方式可以帮助受训者更全面的了解企业的运行方式,帮助他们拓展技能和知识。通过工作轮换,受训者更为了解企业内部不同职位的工作内容和职责,帮助他们确定自己的发展目标。

5. 录像法

录像法是指通过录像进行培训,录像资料可以通过购买或自制的方式获得。录像相对传统的口头和书面培训更生动有趣,可以激发受训者的学习兴趣。同时,录像资料可以进行远程教育,并可以循环利用,降低了培训成本。尤其对行为模式化培训以及人际技巧培训有着不可代替的优势。录像法也存在一定缺点,录像资料的开发和改进需要投入较高的成本;受训者处于被动,缺少主动交流。

6. 模拟法

模拟法是通过模拟实际情境进行培训的方法,受训者通过这种培训可以较为直观的进行学习。常用的模拟方法有以下几种。

(1)角色扮演法。这种培训方法是建立一个接近现实状况的环境,让受训者扮演情境中角色,通过演练提高应对问题、处理问题的能力。在进行基础技能培训时,这种方法效果显著,角色扮演可以全方位的对受训者进行技能培训,技术水平、业务素质、仪容仪表等方面都可以得到提高。受训者在设定的情境中进行表演,根据实际情况做出合适的反应,使剧情可以顺利发展,直到培训者宣布结束。

(2)案例分析法。案例分析法,是指围绕一定的培训目的,将实际工作中所遇见的问题加以典型化处理,并用一定的视听媒介,如文字、录音、录像等描述出来,让受训者进行分析,学会诊断和解决问题以及决策。

(3)决策竞赛法。这种方法生动且有趣,它模拟设计出企业管理中经常会发生的各种各样的事情,让参加者做出决策。决策竞赛可以分成小组进行,由小组做出决策。各组之间展开比赛,看谁的决策效果最佳。当然,竞赛活动的目的在于提高大家的学习兴趣,掌握决策技巧,而不单纯是为了一争高低。

(4)拓展训练。拓展训练是通过结构性的户外活动进行培训的一种方式,主要用于团队建设方面的技能培训,加强受训者的团队协作能力和领导能力。该方法最适应于开发与团队效率有关的技能,如自我意识技能、问题解决能力、冲突管理能力和风险承担能力等。

7. 内部网

互联网技术为企业进行员工培训带来了新方法。企业可以建立内部网站,将培训资料上传至内部网,建立企业培训资料库,开展网上课堂。通过内部网进行员工培训,跨越时间和空间的障碍,可以随时随地进行培训学习;培训成本低,企业只需要上传培训资料,不需要进行大额投入。

8. 远程教育

远程教育是通过卫星、电视、网络等通讯和视听手段,实现人员异地交互的一种培训方法。一些人员分散程度较高的企业会采用远程教育的培训方式,通过远程教育企业向员工传递企业政策或程序、进行技能培训、提供新产品或服务信息等,可以跨越地域进行交流培训,成本低廉效果好。

第二节　旅游企业员工绩效与薪酬

一、旅游企业员工绩效管理

(一)员工绩效与员工绩效管理的含义

绩效管理是旅游企业的管理人员为了能够规范员工的行为，保证其工作活动的有效性而采取针对员工行为和工作目标的管理。绩效管理的导向是企业的经营目标，员工与企业的管理人员必须就企业目标的实现达成一致，否则各项工作会因为种种矛盾的出现而困难重重，大幅度降低企业的工作和管理效率。管理人员与员工就企业目标达成一致，形成利益与责任共同体，双方共同努力提高企业的经营管理效率。根据主体的不同，绩效又可分为三个层次：组织绩效、部门绩效和员工个人绩效。

组织绩效是组织为了实现特定的经营和管理目标，而制定的有计划地完成相关工作的数量、质量和效率。

部门绩效是对企业的员工的工作效率进行相应的统计，组织绩效与各个班组、工段的工作联系起来。

员工绩效是员工的成果和贡献。具体来说员工的绩效包括其完成的工作数量、工作质量、成本费用以及其为了达成企业目标所完成的工作。绩效是员工工作成果和工作效率的体现，在人力资源的管理中，企业的管理者一定要注重对员工工作绩效的考察与监督，保证企业经营目标的顺利实现。

(二)绩效管理的特点

经常强调的绩效是指员工的绩效。一般来说，绩效具有多因性、多维性和动态性三个特点。

1. 多因性

绩效的多因性是指,绩效的好坏与优劣受到多种因素的影响与制约,绩效管理中应该注重绩效的综合管理。一般来说影响员工工作绩效的因素主要包括:员工个人的文化素质与知识水平、工作技能、企业生产条件、员工的精神状态与工作态度。

2. 动态性

由于受到多种因素的影响与制约,员工的绩效并不是固定在某一个水平上的,而是处于一个不断变化的动态之中,比如同一个员工不同时期的绩效存在一定的差距,不同员工之间的绩效也存在较大的差异。绩效的差异和波动可以通过企业培训得到一定的改善和好转。

3. 多维性

员工的工作绩效具有多种多样的表现方式,这就是我们所说的绩效的多维性。工作绩效是员工工作能力、工作态度以及工作成果的最终展示,从中可以发现很多问题。绩效的多维性也决定了员工的绩效考评也应从不同的方面入手,以保证考评工作的科学性与准确性。

(三)绩效管理的原则

员工绩效的考核涉及的方面比较多,是一项琐碎而复杂的测评工作,需要企业投入大量的人力和财力,才能保证绩效测评工作的正常运转。一般来说,为了更好地满足员工希望得到公正评价和认可的希望,绩效的考评必须在以下几个原则的指导下进行。

1. 明确化、公开化原则

明确化、公开化,即测评人员在进行员工绩效的评价时,要根据企业规定确定合理的评价标准和评价程序,并在测评的过程中向全体员工展示测评的结果。只有这样企业才能更好地取得员工的信任,增强他们对企业的忠诚度。

2. 客观评价原则

绩效评价应当根据明确规定的评价标准,针对客观评价资料进行评价,避免过多的情感色彩,做到实事求是。另外,应做到把被评价者与既定标准作比较,并不是把各个被评价者相互比较。

3. 经济原则

在讲究竞争、效率、效益的时代,做任何事情都必须将经济因素考虑在内,进行绩效考评也是如此。实施考评的成本应尽量小于不实施考评所带来的损失。否则,开展考评工作就是没有必要的。选择考评方法要以既能达到所要求的考评的结果,成本又不会太高为原则。

4. 一致性原则

一致性原则指评价标准能适用于一切同类型员工,即不能区别对待或经常变动,对所有岗位的员工要平等对待、一视同仁,否则就会使测评工作的结果失去公平性,测评的效果也会大打折扣。

(四)绩效管理的内容

完整意义上的绩效管理是由绩效计划、绩效沟通、绩效考核和绩效反馈这四个部分组成,它们的有机组合构成绩效管理系统。对于绩效管理,很多人将其与绩效考核联系在一起,认为二者是一回事并没有什么区别。而事实上,绩效管理与绩效考核是两个不同的概念,绩效考核包含在绩效管理之中,最多只是一个核心的组成部分而已,它无法代表绩效管理的全部内容。

1. 绩效计划

绩效计划是绩效管理的开端,绩效周期开始前,领导和员工共同讨论通过绩效目标的设立,为后面的绩效考核制定标准。

2. 绩效沟通

在绩效周期内,领导和员工会通过沟通交流的方式预防或解决发生的问题,这种沟通就称为绩效沟通。良好的绩效沟通可以促进员工积极工作。

3. 绩效考核

绩效考核是指,企业通过一定考核办法对考核主体的工作绩效进行评价,根据考核判断员工在绩效周期内的工作表现。

4. 绩效反馈

在绩效周期结束后,领导会与员工进行面谈,就周期内的绩效表现进行分析,指出员工的不足之处,与员工讨论研究更合适的绩效目标和计划。

(五)绩效考核的程序

1. 准备

(1)制订计划

制订合理的考核计划能够保证绩效考核的顺利进行。制订绩效考核计划时,应该明确考核的目的和对象,然后根据不同的目的和对象选择合适的考核内容、考试时间以及考核方法等。

(2)制定绩效标准和设计考核方法

绩效考核这一工作技术性很强。其技术准备包括拟订、审核考评标准、选择或设计考核方法、培训考核人员等内容。

①考核标准的准备。对员工进行绩效考核，必须制定科学合理的考核标准，用这些标准去衡量员工的工作。考核标准可分为绝对标准和相对标准，绝对标准包括绩效标准、行为标准以及任职资格标准，一些企业称之为职务规范。

a. 绩效标准。指企业对员工的业绩要求，对生产工人的定额要求，对独立核算单位的利税指标，均属绩效标准。

b. 行为标准。指企业对员工的工作行为和工作态度的要求，例如要求员工待客真诚热情，采购员不可收受回扣等。

c. 任职资格标准。企业在聘用员工时会要求一定的任职资格，其中包括教育、能力、经验和特长等方面，根据不同公司不同岗位会有相应的任职资格标准。

②选择或设计考核方法。考核负责人员要根据考核目的确定需要信息，进行科学合理的信息收集和处理设计。

常用的收集、记录考核信息的方法有：考勤记录、工作日记、生产报表、备忘录、现场视察记录、立功记录、事故报告等。

③培训考核人员。为了保证绩效考核的质量，企业应该针对考核人员进行专门培训，让他们熟练掌握考核的原则、标准和方法，并且可以根据实际情况做出正确判断，保证考核结果的有效性。

2. 实施

(1)确定考核的实施者

无论采取什么方式进行绩效管理，都必须以员工为数据来源和测评基础，在数据的采集过程中一定要注意信息来源的科学性与准确性，这是保证绩效测评能够准确反映员工真实工作状态与工作效率的基础。一般来说，绩效信息的来源主要有以下几种途径：直接上级、同级同事、直接下属、被考评者本人和顾客。

合理的信息来源必须满足一定的条件才能达到理想的要求：首先，对被测评岗位的工作性质、工作内容等基本的岗位属性有一个正确的认识；其次，对员工个人近期的工作状况和工作状态进行了解;再次,必须秉承公平、公正、合理的态度和工作作风。

(2)分析评价

这一阶段的任务是对员工个人的德、能、勤、绩等做出综合性的评价,具体针对所考核对象的工作性质,可选用上述所介绍的绩效考核的方法。

3.结果反馈

(1)绩效信息反馈面谈

向员工进行绩效信息搜集的面谈工作是一次了解员工个人信息和思想动态的机会,同时也是一种风险和对测评者的挑战。在谈话过程中管理人员可以通过询问来获取自己想要得到的信息和测评内容,但是有时候员工出于保护自己的目的会将真实的想法与事实进行隐瞒,这对管理者的分辨能力提出了挑战,如果不能正确区分信息的可靠程度,将会对测评的结果造成比较大的影响。

(2)绩效面谈的原则

通常来说,面谈大部分都是由考评发现员工工作中的某些问题和缺陷,通过谈话对员工的工作进行指导和改进。一般来说,在约谈的过程中,管理者应该注意以下几个方面的原则。

①对事不对人。谈话对象和谈话内容的选择,要根据测评的结果来确定,不能以管理者的个人好恶来决定,这是进行面谈帮助员工改进工作的基础。

②反馈要具体。对于员工工作中存在的问题要根据测评的结果进行详细的说明并给出相应的办法,让员工心服口服。

③发现问题并不是绩效测评的主要目的,在发现问题之后要对其进行分析,找出解决问题的途径,提高员工的工作绩效才是绩效测评的真正意义所在。

④保持双向沟通。沟通是解决问题和矛盾的通用手段,这个过程是双向的,在沟通过程中双方必须要本着平等交流的原则来进行,否则员工只能是口服心不服。

4. 结果运用

考核不是目的,对考核结果的运用要特别的注意。大量有用的信息都是从考核结果中体现出来的,主要的应用有:

(1)利用向员工反馈考核结果,可以帮助员工改进绩效,如果结合目标进行管理,就会取得更好的效果。

(2)为人事决策如任用、晋级、提薪、奖励等提供依据。这时应该对考核结果进行妥善运用。例如,某企业在将考核与奖励、提薪、晋级联系起来时,晋级主要看能力,奖励主要看贡献。

(3)检查企业管理各项决策,如企业在人员配置、员工培训等方面是不是存在不当的地方,是否能发挥效果。

二、薪酬管理

(一)薪酬的概念

薪酬指员工通过从事企业所需要的劳动,而得到的以货币形式和非货币形式所表现的补偿,是企业支付给员工的劳动报酬。它与传统的工资的概念是有所不同的,薪酬还包含了非货币形式的报酬如带薪假期、集体福利和保险等。薪酬制度直接或间接地反映了旅游企业的经营目标、管理态度以及整个企业的组织氛围,因此,薪酬管理制度的建立是企业管理者可以支配的最有效的激励手段之一。

(二)薪酬管理的构成

1. 工资

工资也称为基本薪酬,通常情况下,旅游企业的基本薪酬是根据员工所承担的工作的重要性、复杂性以及在旅游企业中的相对价值而确定的,即采用职务工资制,不论是谁,所拿的工资和所处的职位是相对应的。另外,有些旅游企业为了鼓励员工提高技能和减少员工流动率,除了职务工资外还包括以每个员工的技能等级为依据的技能工资。在薪酬之中基本薪酬属于相对稳定的部分,这部分薪酬是员工最基本的生活保障。

2. 奖金

奖金是旅游企业对超额劳动的报酬,其形式也是多种多样的,如个人奖励、团体奖励和组织奖励,激励员工提高工作效率和工作质量是其主要目的。奖金是一种灵活、有效的薪酬形式,奖金产生的激励作用,将员工的积极性极大地调动起来,间接提高旅游企业的经济效益。

3. 津贴

津贴也称附加工资或补贴,指员工在艰苦或特殊条件下进行工作,旅游企业对员工的额外劳动量和额外的生活费用付出所给予的一种补偿。如夜班津贴、物价津贴、特殊岗位津贴和差旅津贴等。

4. 福利

福利指企业为了吸引员工,维持员工稳定,增强员工对旅游企业的忠诚感和激发员工的工作积极性而支付的补充性薪酬。旅游企业的福利包括根据我国劳动法规定的社会保险福利和单位福利。

(三)薪酬管理的原则

1. 公平原则

旅游企业在制定薪酬制度时,其首要原则就应该是公平原则。员工通常会从两个方面对薪酬是否公平进行评价:内部公平和外部公平。内部公平指在旅游企业内部,员工感受是公平的,其劳动付出和报酬是基本相符的。外部公平指旅游企业的薪酬水平在同行业中具有竞争力,能够吸引和留住人才。薪酬制度的建立必须以公平为基础,只有当员工感觉企业的工资、奖金是合理公平的,才能有效地激励员工更好地工作。

2. 激励原则

旅游企业在制定薪酬制度时要充分考虑薪酬的激励效果,将员工的薪酬差距适当的拉开一点,对工作绩效高的员工提供较高的薪酬,使工作表现突出的员工所获薪酬明显高于一般员工,这样能达到很好的激励效果。

3. 经济性原则

较高的薪酬水平具有竞争力,但同时也会使旅游企业的劳动力成本支出增加,因此旅游企业在进行薪酬管理的时候,要将支付能力和发展需要考虑在内,在保持有竞争力的薪酬水平与控制劳动力成本之间进行适当的平衡。

4. 合法性原则

旅游企业薪酬制度不能违反国家及政府部门的法律法规政策。

(四)旅游企业薪酬管理的基本内容

1. 薪酬管理的目标

旅游企业薪酬管理的目标与旅游企业发展的目标是一致的,通过建立成功的薪酬制度,将优秀的人才吸引过来,使员工流失率降低,充分激发员工的积极性,控制旅游企业的劳动力成本,实现旅游企业与员工的和谐发展。

2. 工作评价

以工作分析为基础,对旅游企业各项工作进行分析比较,将各项工作对企业的相对价值确定出来,并将它作为工资等级评定和分配的依据。工作评价的目的是根据各项工作的相对价值确定合理、系统和稳定的工作结构,建立一套符合内部公平的薪酬制度。实现内部公平的基础就是工作评价,具体的工作评价方法也是多种多样的:有工作排序法、要素比较法、要素计点法等。旅游企业可以以自身的实际情况为依据选择适用于本企业的评价方法。

3. 薪酬调查

对本地区或跨地区同行业或相近行业的薪酬水平进行调查,尤其值得注意的是竞争对手的薪酬状况,结合本旅游企业将财务支付能力以及旅游企业的人力资源策略,确定和调整旅游企业的薪酬水平和薪酬结构,使旅游企业的竞争地位得以保证,提升旅游企业薪酬的外部竞争力是薪酬调查的目的。

4. 薪酬控制

薪酬控制主要是对薪酬水平和薪酬支付过程的协调和控制,主要包括薪酬预算和薪酬成本控制。

薪酬预算是指管理者在薪酬管理过程中进行的一系列成本开支方面的权衡和取舍,管理者在进行薪酬预算时要考虑到诸多方面的影响因素,如外部市场的薪酬水平、旅游企业的财务承受能力、员工的绩效、旅游企业的薪酬策略等,然后将各方面的因素进行综合、权衡。旅游企业的薪酬预算通常采取的是通过对旅游企业的业绩总额进行预测,确定旅游企业所能接受的新的薪酬总额,按照一定比例分配给各个部门,同时,各部门管理者预测单个员工的薪酬水平,将所有员工的薪酬汇总与薪酬预算总额相比较,将二者之间的差异调整。旅游企业的薪酬除了有维持员工基本生活保障的作用外,还有激励的功能。旅游企业管理者在进行薪酬预算时要对激励的作用进行充分的考虑,分析生成薪酬的各种因素,计算出薪酬预算总额,既定的薪酬制度要严格执行,允许实际薪酬在预算总额上下波动,从而保证激励的有效性。

第三节　旅游企业资产管理

一、货币与资金管理

旅游企业的货币资金包括现金、银行存款和其他货币资金。现金指包括人民币和外币在内的库存现金;银行存款指存放在银行和其他金融机构的资金;其他货币资金指外埠存款、银行汇票存款、银行本票存款和在途货币资金等其他各种货币资金。

旅游企业的现金管理工作同其他企业没有本质区别,具体的管理措施有以下几个方面。

(1)编制现金预算。通过现金预算,可以保证现金收入与支出在时间以及数量上的协调。

(2)核对现金库存限额。旅游企业库存现金应由开户银行按照需要核定,但目前很多商业银行不再向旅游企业提供库存现金核定的服务,旅游企业就需要自行进行库存现金核定工作。企业在进行库存现金核定时,应该将企业日常经营活动的资金需要作为依据,确定3~5天的日常开支,最多不超过15天的日常零星开支。

(3)限制现金使用范围。进行科学合理的现金管理就应该合理的限制现金使用范围。一般情况下,旅游企业的现金主要用于发放工资、津贴和奖金,为职工缴纳劳动保险,发放福利及国家规定的对个人的其他现金支出,提供个人劳务报酬,提供职工差旅费,以及其他现金支出。

(4)现金收支管理。旅游企业获得现金应该于当日存入银行,企业需要现金支出时,可以从企业的库存现金中支出,或者从开户银行提取现金用于支出。如有特殊情况,旅游企业应该向银行提出申请,批准后方可坐支现金。

根据中国人民银行账户管理办法的规定,旅游企业应该为每个独立核算单位开立银行账户,方便办理银行业务。企业应该定期与银行对账,保证账目清晰一致。旅游企业的其他货币资金管理是对各种货币形态的资金的收付和结存情况的反映和监督。

科学合理地进行货币资金管理,可以帮助旅游企业的货币资金在企业经营管理中发挥出更好的作用。货币资金周转率是一项对货币资金利用效果考核的常用指标,它可以有效地反映资金流动速度。一家企业的资金周转率高,就代表其投入的货币资金可以及时回收,证明该企业的货币资金得到了高效利用。为了充分有效的利用货币资金,旅游企业应该增加现销收入,减少货币资金的平均占有额。

二、应收账款管理实务

应收账款是指因对外销售产品、材料、供应劳务及其他原因,应向接受劳务的单位及其他单位收取的款项,主要包括应收销售款、其他应收款、应收票据等。发生应收账款的原因不外乎:商业竞争、销售和收款的时间差距等。

(一)应收账款信用政策的确定

应收账款最终的赊销效果,主要是由企业的信用政策所决定的。企业的信用政策主要包括三项内容,即信用期间、信用标准和现金折扣政策。对于旅游企业来说,其信用期间指的就是,允许顾客从购物到付款所持续的时间,或是为顾客所规定的付款时间。信用标准指的是,顾客想要获得企业的交易信用,自身必须所要具备的条件。如果顾客自身的条件不能达到信用标准,那么该客户将不能获得旅游企业的信用,或是只能享受较低范围的信用优惠。在对不同的顾客设定信用标准时,旅游企业首先会对顾客的个人信用情况进行了解,确定其赖账的可能性。一般来说,旅游企业对顾客守信情况的评估,需要通过五个方面,包括品质(Character)、能力(capacity)、资本(Capital)、抵押(collateral)和条件(conditions),这五个方面被简称为"五 C"系统。现金折扣指的是,顾客在购买商品时,旅游企业针对商品价格的扣减。通过降低价格的形式来为顾客提供优惠服务,其主要目的是,利用顾客想要享受优惠的心理而提前为商品支付货款,从而减少旅游企业的回款时间。此外,旅游企业实行现金折扣政策,也能吸引那些想要获得减价优惠的顾客前来购买商品,从而提高产品的销量。对于旅游企业来说,其所设置的折扣,通过会用"2/10,1/20,n/30"等形式来进行表示,其所代表的意义是,顾客如果在 10 天之内付款,那么就可以享受到 2%的价格优惠;如果顾客选择在 20 天内进行付款,那么就可以享受到商品 1%的优惠;30 天是顾客购买旅游企业商品的最后付款期限,这时期还款顾客将不能享受到商品的折扣。

(二)应收账款的收款

在旅游企业中,其应收账款的时间并没有固定的限制,有长期也有短期,有的甚至已经超过了最后的收款期限。通常情况下,对于旅游企业的应还账款来说,顾客拖欠的时间越长,那么还款的希望就越小,形成坏账的可能性就越大。为了减少旅游企业的坏账损失,其通常会对应收账款的还账情况进行严格的监督,对账款回收的情况随时进行了解,为了能更清晰的展示应收账款的收款情况,旅游企业可以通过编制账龄分析表。

所谓的账龄分析表指的是,可以显示出应收账款在外天数长短的报告。旅游企业通过对该表的分析,就可以明确掌握还在信用期内的欠款情况,或者是有多少账款已经超过了还款期。在所有尚未收到账款的应收账款中,那些还没有到还款期的欠款属于旅游企业经营的正常情况,但是在还款期限结束之后,企业能否最终收到货款还是一个未知数,因此对于该部分欠款的还款情况应该密切进行关注。需要注意的是,其所制定的收款政策必须要是切实可行的,这是因为那些已经超过还款期限的应收账款,很有可能会成为坏账,因此针对这些欠款拖欠时间的不同,企业必须要具体问题具体分析,采取具有针对性的收款方法。企业必须要做好充分的准备来应对可能出现的坏账,对该坏账对旅游企业经营可能会产生的影响也必须要提前进行估计,并做好相应的解决措施。

三、存货管理

存货指的是,为维持正常的生产经营或是销售,旅游企业专门储备的物资,包括材料、燃料、低值易耗品、在产品、半成品、产成品等。保证销售活动的正常进行同时考虑销售价格,是旅游企业进行存货管理的主要目的。旅游企业的存货管理会产生多个方面的成本,具体来说主要包括以下几个方面。

(一)取得成本

取得成本可以分为订货成本和购置成本两个方面,是企业为取得某种存货而支出的成本。

1. 订货成本

订货成本指的是,旅游企业获得订单的成本,其中包括多项费用,具体来说主要有办公费用、差旅费用、邮资费用等。在订货成本中,一部分费用是与订货成本没有关系的,这些成本被统称为订货固定成本。还有一部分费用是与订货次数之间有密切的关系,包括差旅费用、邮资费用等,这些成本被统称为订货的变动成本。

2. 购置成本

购置成本指的就是旅游企业购物本身的价值,用单价乘以数量所得到的乘积就是购置成本的计算方法。

(二)储存成本

储存成本又被称为是固定成本和变动成本,是企业为保存货物而产生的费用,包括存货占用资金所应计的利息、仓库费用、保险费用、存货破损和变质损失等。固定成本与存货的数量关系不大,这部分成本包括仓库折旧、仓库职工的固定月工资等。与存货的数量关系比较密切的是企业的变动成本,包括存货资金的应计利息、存货的破损和变质损失、存货的保险费用等。

(三)缺货成本

缺货成本指的是,企业由于存货供应中断从而产生的损失。具体来说主要有,材料供应中断造成的停工损失,产成品库存不足造成的发货延期损失和销售损失等。

旅游企业在对存货进行管理的过程中,所涉及的内容主要包括四个方面,具体来说主要有,决策进货项目、选择供应单位、决定进货时间和决定进货批量。其中,销售部门和采购部门所负责的是对进货项目和供应单位的选择;财务部门的责任是要决定进货的时间和批量。

需要注意的是,企业对存货进行管理的主要目的是要降低企业的成本。为了实现这一目的,企业就必须要对进货的批量和进货的时间进行合理的选择,以在最大限度内降低企业的成本,该订货的批量就被称为是经济订货批量。所谓的经济订货量指的就是,旅游企业在存货上所花费的总费用为最低的每次订货量。

四、固定资产管理

旅游企业的固定资产指的是,使用年限在一年以上的房屋、建筑物、机器、机械、运输工具和其他与生产经营有关的设备、器具、工具等。此外,那些单位价值在 2000 元以上,不属于生产经营主要设备的物品,且使用年限超过两年的,也可以被归属为企业的固定资产项目。

企业对固定资产的管理主要包括三个方面的内容。

第一,必须要落实固定资产管理责任制度,并根据企业的发展不断对其进行完善,对固定资产进行归口分级管理。在对固定资产进行管理的过程中,可以将管理的权限和责任下放到各个使用部门之中,并落实到班组和个人的身上,将其归入岗位责任的范畴,这样有利于保护企业财产的安全,能够充分利用到固定资产为企业的发展做出贡献。

第二,旅游企业要对固定资产定期进行盘点清查。盘查的方法主要采用的是"账账核对""账物核对",在对固定资产进行盘查的过程中,如果发现了盘盈、盘亏及损毁等情况,必须要找到相应的原因,然后做出正确的处理。

第三,要定期对固定资产进行维修和保养,以此来提供高固定资产的使用寿命,降低企业的成本。为了实现这一目的,需要建立起完善的固定资产维修保养秩序,制定好固定资产管理的责任制度,并对固定资产的使用情况定期进行检查。此外,根据企业的实际生产经营情况,企业还必须要对固定资产进行合理的配置。如果企业想要购置新的固定资产,那么首先要做的是要对固定资产购买的可行性进行全面的分析和论证,然后再上报到上级有关部门进行审查,在获得批准之后才能进行最终的购买行为。在此过程中,相关的手续必须要办好。

固定资产在投入使用之后,在一定的时间内企业需要对该固定资产计提折旧,计提折旧的方法和年限必须要准确进行选择和计算。

第一,要确定固定资产的折旧范围,包括房屋和建筑物、在用的机器设备、运输车辆、季节性停用和修理停用的设备、融资租入的设备、以经营租赁方式租出的固定资产。对于旅游企业来说,其不能计提的固定资产主要有,未使用、不需要的机器设备,以经营租赁方式租入的固定资产,已经提足折旧但仍继续使用的固定资产和未提足折旧但提前报废的固定资产,国家规定的不提折旧的其他固定资产。

第二,对固定资产计提折旧的方法要选择恰当。我国财务制度规定,平均年限法(直线法)是企业固定资产计提折旧的常用方法。一般情况下,可以采用工作量法来对交通运输工具计提折旧,可以选用双倍余额递减法和年数总和法来对部分设备计提折旧。如果采用不同的方式对同一固定资产计提折旧,那么其折旧额必定会产生一定的差别。企业计提折旧的方法可以分为两种,一种是匀速折旧法,另一种是加速折旧法,其中平均年限法计提折旧属于前者,而双倍余额递减法和年数总和法则属于后者。对于旅游企业来说,采用加速折旧法对固定资产计提折旧的好处主要表现在,可以有效降低固定资产无形损耗为旅游企业带来的损失,有利于企业在短时间内收回更多的资金,这就在一定程度上避免了投资风险的产生,延长企业上缴所得税的时间,从而充分享受政府为旅游企业制定的优惠政策。平均年限法指的是,根据固定资产的原始价值,扣除预计净残值,然后按照规定资产的预计使用年限进行平均分摊,计算每年或每月的折价额和折价率。平均年限法在所有固定资产计提折旧的方法中属于较为简单的一种,通常适用于房屋等建筑物和贵重办公设备的折价计提。平均年限法的计算公式如下:

$$年折价率 = \frac{1-预计净残值率}{固定资产的预计使用年限} \times 100\%$$

五、无形资产的管理

无形资产指的是,企业长期使用而没有实物形态的资产。通常情况下,企业所拥有的无形资产所具有的经济价值都很大,具体来说主要包括专利权、商标权、著作权、土地使用权、非专利技术、商誉等。旅游企业对于无形资产的管理可以分为四个方面的内容,包括无形资产的投资使用管理、无形资产增加管理、无形资产摊销管理、无形资产转让管理等。

（1）无形资产投资使用管理指的是，旅游企业要重视对自身企业无形资产的投资，可以采用归口分级的方式对无形资产进行管理，这样有利于在最大限度内提高无形资产的使用效率。

（2）旅游企业对无形资产增加管理，最为关键的是要确定无形资产的计价。一般来说，无形资产的计价主要是通过外部购入、投资者投入、自行研制、捐赠以及自发形成五个方式来完成的。需要注意的是，对于不同来源的无形资产，其计划方式也有很大不同。例如，如果旅游企业的无形资产是从外部购入获得的，那么其计价方式就是按照企业实际支付的价格来进行计算；如果无形资产是投资者投入的，那么其计价方式就需要按照评估确认或者合同、协议约定的金额来进行；如果无形资产是旅游企业自行研发出来的，那么其计价方式就应该按照开发过程中实际支付的价格来进行；如果无形资产属于捐赠，那么计价方式就应按照发票账单所列金额或同类资产的市价来进行计算；如果无形资产是自发形成的，例如企业信誉、形象等，通常只有在企业进行合并等资产重组时可以将其作为无形资产进行管理，否则在一般情况下，不需要对这些无形资产进行作价入账。

（3）企业对于无形资产的摊销管理，最为重要的一项工作就是要对无形资产的有效使用年限进行确认。如果在相关的法律、合同等文件中对无形资产的使用年限有明确规定的，那么对该无形资产有效使用年限就应按照法律、合同等文件中的规定来进行确认。如果法律上并没有对无形资产的使用年限进行明确的规定，但是企业的合同或是申请书中却对无形资产的受益年限有明确规定的，那么该无形资产的使用年限就应按照后者的规定来进行确定；如果法律或是合同、企业申请书中都没有对无形资产的使用年限进行明确规定的，那么对该无形资产就应按照不少于10年的期限进行摊销。在对企业无形资产的有效使用年限和原始价值都进行确认之后，就可以采用平均年限法的方式对该无形资产进行摊销了。

（4）旅游企业对于无形资产的转让尤其要引起注意，其转让的程序必须要符合国家相关法律的规定，然后根据财务制度的相关规定，选择恰当的转让时机和转让方式。

第四节　旅游企业财务分析

一、运营能力分析

运营能力分析指的是，分析企业在资产管理方面的效率问题。通过对企业运营能力的分析，可以找出企业在经营管理过程中存在的方方面面的问题，减少企业对经营资金的占用，提高对资金的使用效率，同时还可以提高企业在短期时间内的偿债能力。对旅游企业运营能力的分析需要通过几个指标，包括存货周转率、应收账款周转率、流动资产周转率以及饭店客房出租率等。

存货周转率指的是，旅游企业营业成本与存货之间的比率，其主要作用是对企业购入存货、投入运营以及资金收回等，各环节管理状况的综合性指标进行衡量。我们可以通过以下公式来对存货周转率进行计算：

$$存货周期率＝\frac{营业成本}{存货平均余额}\times100\%$$

一般情况下，旅游企业的存货周转率越高，说明企业的运营状况就越好。这是因为，旅游企业的周转率越高，就说明企业拥有较高的运营效率，企业对库存的控制适当。如果旅游企业的存货周转率较低，那么则说明企业内部已经出现了库存积压的情况，这可能是由于原材料采购数量过多所造成的。需要注意的是，如果旅游企业没有库存，或是库存量很少，那么在对旅游企业的指标进行分析的过程中，则可以把存货周转期这一项直接忽略。

　　在旅游企业的所有流动资产中,应收账款占据了其中的重要一部分。应收账款对企业的经营具有重要的影响作用。如果企业应收账款的周转周期快,变现速度快,那么企业的偿债能力就能提高,同时也可以在很大程度上节约资本,在这种情况下坏账情况出现的几率也较小。应收账款周转率指的是,年度内应收账款转化为现金的次数。一般情况下,旅游企业的应收账款的周转率越高,则说明企业运营状况就越好。我们可以通过以下公式来对企业的应收账款周转率来进行计算:

$$应收账款周转率=\frac{赊销收入净额}{应收账款平均余额}×100\%$$

$$应收账款平均余额=\frac{初期应收账款+末期应收账款}{2}$$

　　有的时候,分离旅游企业的赊销业务和现销业务是比较困难的,因此在这种情况下,对应收账款周转率的计算可以通过营业收入净额来进行计算。

$$销售收入净额=销售收入-现销收入-销售退回、销售折让与折扣$$

　　流动资产周转率指的是,企业营业收入与流动资产平衡额的比率。其在对旅游全部流动资产的利用效率的分析中占有重要的作用,是分析旅游企业流动资产周期情况的一个综合性指标。该指标越高,就说明企业的经营状况越好。我们可以通过以下公式来对流动资产的周转率进行计算:

$$流动资产周转率=\frac{营业收入}{流动资产平均额}×100\%$$

　　饭店客房出租率指的是,饭店出租客房与实有客房之间的比率,其主要作用是对饭店住宿设施的使用情况进行总体的衡量,对企业运营能力的衡量也具有重要的作用。我们可以通过以下公式来对饭店客房的出租率来进行计算:

$$客房出租率=\frac{计算期每天出租客房之和}{计算期实有客房×计算期日历日数}×100\%$$

　　一般情况下,如果饭店客房的出租率越高,就说明企业的经营状况越好。但需要注意的是,应当对饭店客房的出租率进行控制,不应超过一百,否则其会降低服务的质量。通常情况下,最为恰当的饭店客房出租率为85％。

二、偿债能力分析

偿债能力指的是,企业偿还各种债务的能力。旅游企业的资金主要是由两部分构成的,一部分是借入资金,另一部分是自有资金。对于企业的借入资金来说,在借入时间到期之后,需要连本带利对资金进行偿还,在这种情况下,就必须要对旅游企业的偿债能力进行测定。如果企业的偿债能力不足,那么就应缩小债务或是对自身的经营方式进行改变。如果企业拥有较高的偿债能力,那么就可以适度扩散债务规模,用于企业的进一步发展。对于旅游企业的偿债能力的分析和评价需要依据四个指标来进行,具体有流动比例、速动比例、资产负债率、营运资金。

流动比例是流动资产与流动负债的比率,其是在短期债务到期前,对企业流动资产可以变为现金用于偿还流动负债能力进行衡量的重要指标。在对旅游企业的短期偿债能力进行衡量时,可以通过该指标进行估计。我们可以通过以下公式来对流动比率进行计算:

$$流动比例 = \frac{流动资产}{流动负债} \times 100\%$$

一般来说,所计算出来的流动比率越高,则说明企业在短期内的偿债能力就越强,企业对于流动负债的清偿机会就越多,所拥有的债权的安全系数也会越高。通常情况下,企业的流动比率都会保持在2上下。但是对于旅游企业来说,其所拥有的流动比率可以略低于2。这是因为,旅游企业所拥有的存货数量较少,营业周期与一般的企业相比时间也较短,因此旅游企业拥有应收而未收债权的机会也较少。

速动比例指的是,速动资产与流动负债的比率。速动资产是

流动资产减去存货和预付费用后的净额,主要包括现金、短期投资、应收账款等项目。我们可以通过以下公式来对速动比率进行计算:

$$速动比例 = \frac{速动资产}{流动负债} \times 100\%$$

从一定程度上可以说,速动比率是对流动比例进行补充。如果旅游企业拥有较高的流动比率,那么其所拥有的可以变现的流动资产就会减少,这样就会降低企业的偿债能力。通常情况下,企业所拥有的最为恰当的速动比率为1。但是对于旅游企业来说则不同,其在销售时更多的是采用现金的形式,应收账款较少,因此其速动比例通常会小于1。在特殊情况下,如果一些旅游企业的销售方式是以赊账为主要结算方式的,那么其在财务上就会产生较多的应收账款,因此其速动比例也就较高。

在对企业利用债权人提供资金进行经营活动的能力进行衡量时,可以通过资产负债率进行,其还可以反映出债权人提供贷款的安全程度。我们可以通过以下公式来计算旅游企业的资产负债率:

$$资产负债率 = \frac{负债总额}{资产总额} \times 100\%$$

对于债权人来说,当然是资产负债率越低,对自身才是最有好处的。这是因为,债权人最关心的就是自身投入资金的安全程度,如果在旅游企业的全部资产中,资本金所占据的比例只是很小的一部分,那么企业的主要风险都会由债权人来承担。资产负债率还可以反映出企业的举债能力。企业在举债经营中,如果企业资金利润率要高于借款资金成本,那么更多的举债对企业来说才是最有利的。但是如果较低,那么就会增加债务人的偿债困难。一般来说,如果企业的资产负债率大于1,那么就表明该企业已经资不抵债,处于破产的边缘,投资者在进行投资的过程中一定要慎重。但是对于旅游企业来说则不同,其最为恰当的资产负债率应控制在0.5,这样更有利于旅游企业的发展。

三、发展能力分析

(一)销售增长率指标

企业销售增长是企业保持长足发展的基本前提。评价企业的销售增长,可以计算本年销售收入与前一年相比较的增长情况,也可以计算连续 2～3 年内的销售收入增长情况。

$$销售增长率 = \frac{本年销售增长额}{上年销售额} \times 100\%$$

$$3 年销售平均增长率 = \left[\sqrt[3]{\frac{当年销售收入总额}{3 年前销售收入总额}} - 1 \right] \times 100\%$$

表 3-1　销售增长计算比较表

股票代码	股票名称	2003 年销售收入	2002 年销售收入	2000 年销售收入	平均每年销售增长率(％)	
					2002 年比2000 年	2003 年比2000 年
600258	首旅股份	866336	1132536	749707	22.91	4.94
000524	东方宾馆	147871	207802	224343	−3.76	−12.97
000069	华侨城 A	496603	593624	150791	98.41	8.78
600650	锦江投资	324284	313427	217603	20.02	14.22

2003 年由于非典,全国旅游业都不同程度地受到影响,使得旅游企业的销售收入都较前一年有较大程度的下降。因此,在评价销售收入的变动时,须排除特殊因素的影响作用。从旅游企业连续几年销售收入的变动趋势来看,总体处于不断增长的状况。

(二)资产增长率指标

资产的多少反映一个企业的经营规模,同时资产也是企业获取收入的手段,因此,资产的不断增长是企业持续稳定发展的反映。资产的增长需要结合总资产的变动和固定资产的变动来反映。

$$资产增长率 = \frac{本年资产增长额}{年初资产总额} \times 100\%$$

$$3\,年资产平均增长率 = \left(\sqrt[3]{\frac{当年末资产总额}{3\,年前末资产总额}} - 1 \right) \times 100\%$$

企业经营规模的变动,可以通过计算总资产的变动来反映,也常常需要结合流动资产、固定资产、无形资产等资产的变动情况。尤其是固定资产的变动,可以用固定资产的增长率和成新率等指标来进行综合反映。固定资产增长率反映的是在一定会计期间内企业固定资产经营规模的变化。固定资产成新率反映的是企业所拥有固定资产的新旧程度和固定资产的更新速度。

第四章　旅游企业营销策划

营销策划是旅游企业在变化莫测的营销市场中所要生存必须进行的一个重要环节,通过不断寻求市场机遇,对旅游者,竞争者以及新技术进行研究,综合考虑各种对企业的经营造成影响的因素,就能不断取得营销的成功。

第一节　旅游营销的界定

一、旅游企业营销的概念

市场营销在旅游业中的创新应用,使得人们对旅游业在管理与经营的认识上升到一个新层次。市场营销可以称为旅游经济运行中的灵魂。有这样一种说法:宣传是旅游业的第一生产力。知识经济时代,创新是永恒的主题。旅游营销也需要在发展中创新,在创新中发展,即通过改变传统的思维方式和工作模式,赋予营销以新的时代特色和理念。

旅游营销是以游客需求为导向,以实现旅游产品交换为目的,通过分析、计划、执行、反馈和控制这样一个过程来协调各种旅游经营活动,满足游客需求并使游客满意,使旅游目的地和旅游企业获利的经营活动的总和①。

---

① 　肖升．旅游市场营销[M]．北京:旅游教育出版社,2009,第 22 页

二、旅游企业营销的理论基础

旅游营销既是旅游学科体系，也是营销体系中的分支。旅游企业的一切经营活动都必须以市场需求作为出发点，去进行各种营销活动，但并不是盲目地围绕市场的需求做出各种决策，而是在对一般基础理论进行研究的前提下，进行分析、总结后才可以进行决策行动。由于旅游营销的特殊性，所以，有关旅游、营销的基本理论和方法也是其理论基础。

旅游营销作为市场营销理论体系的重要分支，自然要遵循市场营销基本原理。所以，要解释旅游营销一般性基础理论首先要阐述市场营销的基本原理。

根据当今世界市场营销大师菲利普·科特勒的定义：市场营销是指个人或集体通过创造并同他人交换产品和价值以满足其需求和欲望的一种社会和管理过程，这一定义说明了营销的本质，即营销的使命在于解决交换问题，解决交换过程中存在的供求矛盾，使交换能够顺利进行。

在市场交换过程中，供求双方客观上存在着总量和结构的矛盾、价值评估的矛盾、空间和时间的矛盾、信息占有的矛盾。这些矛盾的存在，阻碍了市场交换的顺利实现。企业的营销活动，大量地表现在通过策略层面的决策解决这些矛盾。但是，策略层面的决策如果离开了战略层面的规划而制定和实施，必然是治标不治本的，甚至可能与企业的根本目标背道而驰。因此，企业市场营销必须坚持的"两个基本点"，应该是企业的营销战略规划和STP战略。不言而喻，企业的战略来源于企业对环境、消费者行为和竞争者的分析。而企业的这一切行为都是在一定的营销观念指导下完成的。所以，企业的营销观念，亦即企业经营的指导思想（经营哲学），统领了企业的营销活动。市场营销的逻辑关系构成了市场营销原理的基本框架。

三、旅游市场分析

旅游市场作为旅游产品交易的场所和旅游经济运行的基础，与一般商品市场、服务市场和生产要素市场相比，具有不同于其他市场的多样性、季节性、波动性、全球性和竞争性等特点，只有了解这些特点，才能更全面地掌握旅游市场和旅游市场体系的概念与内涵。

（一）旅游市场的多样性

旅游市场的多样性，是由旅游市场的主体、客体和旅游市场的交换关系所决定的。首先，旅游者需求和购买行为的多样性决定了出游目的的多样性，而各种不同的出游目的就决定了旅游市场需求的多样性，从而要求市场提供多样性的旅游产品。其次，旅游产品的多样性决定了旅游市场供给的多样性，即不同国家或地区旅游资源的不同必然形成不同的旅游产品，而不同的旅游经营者提供的旅游产品也不相同，如旅游饭店主要提供住宿和餐饮，旅游景区景点主要提供游览与娱乐，旅游商店主要提供旅游购物等。最后，旅游产品交换关系的多样性决定了旅游市场的多样性，即旅游者可以直接购买单项旅游产品，也可以通过旅行社购买组合旅游产品或整体旅游产品。因此，旅游市场的多样性不仅反映了旅游市场的特点，而且在很大程度上对旅游市场的供求结构和供求平衡产生了重要影响。

（二）旅游市场的季节性

在旅游经济运行中，各个旅游地的气候时节不同，以及旅游者个人时间不同，这些都会造成旅游市场具有突出的季节性特点。例如某些地区的冬季景色比较有特色，对于这个地区而言，冬季就是这个地区的旅游"旺季"，如冰雪旅游；某些地区的景观在夏季比较有特色，如海滨旅游、漂流旅游等，则夏季就是这些地区旅游的"旺季"，总之，季节气候地理位置等自然因素造成了旅游的"淡旺季"；当然，这个"淡旺季"并不是只和自然条件相关，同时也和旅游者有关。某些利用带薪假日出游的旅游者，也是形成旅游"淡旺季"的重要原因，如旅游者的周末出游、法定节假日的出游、奖励旅游等，都会造成某些旅游目的地客流具有明显的季节差异性。

从上文中可以看出，旅游市场具有明显的季节性特点，这在客观上要求旅游目的地国家、地区和旅游企业，不能只考虑到气候或游客中的一个方面，而要二者兼顾，要具有针对性地根据旅游市场"淡旺季"的不同特点做出科学合理的安排，对旅游市场的供给提前做出准备，做到未雨绸缪，确保能够满足旅游者的旅游需求；对于旅游"淡季"也不要消极应对，而要做出积极的措施，努力开发"淡季"的旅游需求，尽可能扩大旅游淡季的市场需求，开发大量潜在的旅游需求，尽量减少自然条件的限制，使旅游市场向均衡化方面发展。

（三）旅游市场的波动性

相对于最基本的温饱问题，旅游是一种高层次的精神需求，这种需求又受到多种因素的影响。也许这些因素都是一些很小很细微的因素，但任何一个因素的变化都会起到牵一发而动全身的作用，都会影响到旅游市场。而好多旅游市场本身还会受到季节温度等因素的影响，这就更加剧了旅游市场的不确定性，也就是旅游市场的波动性。一个区域的旅游市场往往还会受到意外事件或者重大活动的影响，这将直接改变旅游客源的流向和流量，从而使旅游市场呈现出波动性发展和变化。

（四）旅游市场的全球性

第二次世界大战之后，随着社会生产力的发展，世界各国科技、经济的联系进一步密切，全球化的进程不断加快。各国的旅游市场由封闭逐步走向开放，从区域性的旅游市场发展成为世界性的旅游市场。旅游市场的全球性,首先表现为旅游者构成的广泛性。现代旅游已由少数富裕阶层扩展到工薪阶层和全民大众,包括学生。统计显示,2016 年上半年,我国出入境旅游 1.27 亿人次,同期增长 4.1%。其次,交通运输的发达使旅游者的活动范围遍布世界各地,因而旅游需求市场十分广阔。最后,世界各国和许多地区都在大力发展旅游业,纷纷将旅游业视为促进本国或本地经济发展的大事来抓,旅游的供给市场也逐步在全球范围内建立与完善。

(五)旅游市场的竞争性

有市场必然有竞争。竞争是市场的伴随产物,只要存在着商品交换活动,就必然存在着市场竞争,旅游市场也不例外。在消费市场上,竞争主要表现在争夺更多的消费人群上,旅游市场实质上也是一种消费市场。在旅游市场上,竞争主要细化为争夺旅游者和提高市场占有率。但是,随着国内外旅游经济的蓬勃发展,随着旅游市场从国内市场、区域市场扩展到全球市场,旅游市场竞争不仅表现为对现实旅游者的争夺,也表现为对潜在旅游者的开发;不仅表现为对国内市场和区域市场的开拓,也表现为对国际市场的抢占;不仅表现为旅游营销方式上的竞争,也表现为综合旅游竞争实力的较量,从而使旅游市场竞争更加激烈,竞争范围更加广泛,竞争手段更加多样。

四、旅游企业营销策划的特点

(一)创新性

旅游企业营销策划最重要的特点就是创新性,营销策划就是创造性思维的运用过程,旅游企业营销策划从创意开始,发展为概念,再提炼出主题,进而衍生出具体的行动方案,并在参与者中加以推行。旅游企业营销策划其实质是寻求解决问题的有效途径。所以在进行营销策划时不能拘泥于常规思维,这样才能制定出构思巧妙的策划方案,才能获得最大的营销效果。

旅游营销的创新范围广泛,既包括旅游产品的创新、技术的创新、价格和分销渠道的创新、促销方式的创新,也包括多种营销组合因素的重新组合等。

(二)目的性

旅游营销策划是一种理性的思维活动,它是为了制定旅游营销战略和策略,或者进行旅游产品开发、客源市场开发,以及进行某个旅游项目或节事活动,或者以解决旅游营销过程中某一特殊问题而进行的谋划,因而针对性强,目标比较明确。

(三)超前性

旅游营销策划是对旅游营销环境的判断和对未来营销行动的计划安排,是一种超前性的谋划行为。

(四)可行性

旅游营销策划最终是要付诸实践的,所以,旅游企业营销策划要有具体的实施方案和行动指南,在操作上要有充分的可行性,因此,营销策划的内容要完整、具体、易于操作。通常策划方案在实施过程中需要多方面的密切配合,营销过程中上下游合作方要协调一致开展工作。

(五)应变性

旅游营销策划要充分考虑到市场环境的复杂性以及企业内部资源条件的变化,旅游营销策划本身要具有较强的应变性。为此,首先,在营销策划实施前要建立预警系统,以有效应对突发事件的发生;其次,在营销策划实施过程中若发生突发事件,要立即采取应变措施,减轻突发性事件造成的不良影响。

五、旅游企业营销策划的步骤

(一)准备阶段

要想做好一件事,必须要有充分的准备。为营销策划进行信息准备是准备阶段的主要工作,这也是旅游营销策划最为关键的步骤。

1. 成立策划工作组

根据所策划项目的具体要求,确定由旅游企业主要领导组成的项目领导小组,直接对项目策划的开展进行监督。同时,企业也要注重确定需要外聘的专家、高级顾问和内部顾问人选。企业的内部人员通常非常熟悉企业的内部环境,对企业的目标、战略计划等的提出更具有针对性和可行性,对于企业的外部环境外部专家更为敏感,外部专家作为外围人员,更能深刻地体会到消费者的真实感受。所以内部人员主要是从企业的微观进行分析,外部专家主要是从宏观方面对企业的营销进行分析。策划工作组直接对整个策划工作的制定、实施、反馈等环节负责。

2. 制定工作计划

成立工作小组之后,策划工作组要确定项目策划的详细目标、时间进度、人员要求和其他后期准备。根据以往的经验和具体的分析提出初步的、大致的计划建议。

(二)调研阶段

当工作组的策划建议被认可之后,就可以进行正式的策划程序。进行市场调研是策划程序的第一项工作。旅游企业市场调研是运用科学的方法,有计划有目的有针对性地收集、整理和分析企业内部与外部环境的相关信息,从而提供客观的决策依据,为旅游企业的营销策划服务。

1. 营销诊断

旅游企业进行调研通常是具有目的性的,营销诊断就是确定目标、发现问题的阶段,如旅游企业最近销售额下降,或企业出现人员频繁流动等现象,营销诊断就是针对企业面临的现象对各有关部门及相关人员进行访谈,听取他们对市场的看法和评价。制定有针对性的问题答卷,由各部门的有关人员填写问卷。同时开展对各地市场营销诊断的工作。定性研究营销诊断的主要手法,包括阅读资料、走访市场、小组座谈、深度访谈等,同时也有必要辅以定量调研,主要方法就是问卷调查。

2. 制定调研计划

旅游企业进行市场营销调研的行动纲领就是制定调研计划,调研必须要针对特定的市场并且带有特定的问题来进行,这样才能收到效果。在制定调研计划时一般包含以下步骤:明确调研目的;选择调研范围;确定调研方法;选择调研对象。

3. 拟订调研方案

调研方案是指根据调研的目的、调研的方式以及调研的对象来进行的方案制定。

4. 实施调研

在上一步制定调研方案之后,要依据既定的方案进行实地的市场调研。

5. 信息整理阶段

该阶段的主要任务就是对调研信息进行整理。对调研阶段的无效信息进行剔除,在此基础上,对信息进行分类,并运用数量化的方法对信息进行整理,进而从这些信息中寻找规律。

(三)策划报告

在策划报告这一环节,主要有三个基本的方面需要注意。

首先,通过策划工作组对方案进行不断地优化,进而在此基础上提出策划报告。企业会设置有专门的策划工作小组,在对策划目标进行确定之后,要制定行动的方案。但是在制定出方案之后,需要采用一系列的标准对这些方案进行进一步的评估与优化。方案的优化问题,其实是对方案进行合理化的过程。

其次,通过企业工作组与企业进行对话,进而提出报告或者修改的建议。任何方案都需要经过企业领导层的审核和批准,依据组织的总发展目标,确保公关策划方案与这一目标是一致的,这样才会使得组织的公关活动和其他部门的工作相协调,进而使得最终方案得到本企业决策层和全体员工的积极配合。

最后,策划工作组提出总结报告策划。要根据企业的领导层的决策适当地修改、完善策划报告的内容,在此基础上,初步提出总结报告作为实施阶段的文本依据。

(四)实施

方案在经过认证之后,确保可行之时,就要根据策划的方案进行具体的营销行动,在企业的经营活动中,对其实施。实施的过程要注意两个方面的问题:一是要注意全民贯彻。方案的最终确定是经过很多步骤,经过很多工序,由很多企业最终协商得出的一致结果,因此,方案在实施过程中,一定要得到有效的贯彻,否则不仅会导致前功尽弃,还会给企业带来一系列的损失与成本的代价。二是要注意反馈调节。反馈调节是基于方案实施过程中的诸多不确定因素所决定的。任何一种营销方案在实施的过程中,都会遇到一些之前没有预料到的情境,都会出现一些与原先的计划不相符合的地方,因此,方案的贯彻执行,必须依赖良好的反馈机制来进行评估与实施。

(五)评估、验收、总结

任何一种营销的方案在实施之后,都需要进行实施效果的评价。这里介绍两种测评的方法。一种是进行性测评,这是在方案的实施阶段进行的评价。在实施阶段对方案进行测评,有助于下一阶段方案的及时调整与反馈意见的指导。还可以对方案进行终结性测评,这是一种在方案完全结束之后,对其实施的效果进行全面评价的方式。这种方式可以很好地了解到方案的具体实施效果,会为今后制订营销方案提供有效依据。

第二节　旅游企业目标市场的选择和定位

一、旅游企业目标市场的选择

(一)旅游企业市场细分

1. 概念和意义

旅游企业市场细分是对整个旅游市场的划分,是将整体的旅游市场划分为若干个细小市场的过程和方法,细分的目的是为了进行目标市场的选择。市场细分是目标市场选择的基础工作,其意义体现在以下几个方面。

第一,有利于发掘市场机会。市场上,消费者群体庞大,需求多样,通过市场细分,能够对不同的消费者需求进行分类,并对其需求进行细致把握,同时在对市场进行细分的过程中,能够对其他旅游企业的市场占有率和营销能力进行全面、深入的了解从而为本企业的发展提供参考。

第二,有利于旅游目的地或企业资源最优化配置。细分市场的目的就是找到最有发展潜力的市场,即目标市场,这样企业能够将有限的资源投入到获利最大的地方,这也是企业资源的最优化配置。

第三,有利于旅游目的地或企业及时调整营销策略,以适应消费者的需求。在细分市场上,各个消费者群体的需求、对产品及服务的评价能够较精准地反映出来,经营者可以根据消费者的需求变动迅速改变原有的营销策略,更好地提高经营管理水平。

第四,有助于小型旅游目的地或旅游企业在某一细分市场上确立自己的地位。

2. 市场细分的依据

旅游企业可以根据不同的变量来进行旅游市场细分。

按照地理位置、自然环境,可将旅游市场划分为具有不同需求特征的子市场,因为处于同一地理位置和自然环境中的消费者通常具有一样的需求和爱好。

不同年龄段的人群对旅游活动的需求不同,根据游客的年龄结构可将旅游市场细分为儿童市场、青年市场、中年市场和老年市场。

不同性别对旅游的需求不同,因此可细分为男性旅游市场和女性旅游市场。

而按照旅游动机细分,旅游市场又可以分为观光旅游市场、度假旅游市场、商务旅游市场、奖励旅游市场、探亲访友旅游市场等。

(二)对细分市场的评价

企业在选择目标市场时需要对各个细分市场进行评估。在评估时,企业必须考察以下三个因素。

1. 细分市场的规模和发展潜力

企业必须分析各个细分市场的销售量、增长率和预期获利能力,不同规模的企业适合于不同的市场划分。一般大企业倾向于销售量大的市场划分,因为这样的市场划分能够满足企业的发展需求,而规模较小的企业则更偏爱销售量小的市场区划,因为这样市场所需要的人力、物力等资源是小企业能够承受的。

2. 细分市场的结构性吸引力

市场的吸引力不只受制于市场的规模和发展潜力,其他一些因素也影响着市场的吸引力。如产品生命周期、集中程度、其他企业竞争情况等都是影响企业长期吸引力的要素,而新进入者、替代品、买方的砍价能力等,则是直接影响企业吸引力的要素。

3. 企业目标和资源

能够成为企业目标市场的细分市场,除要具备以上两个因素外,还要考虑到企业的承受能力,即是否和企业目标相符,企业是否足够有能力开发这样的市场,如企业所具备的技术、资源、人力、竞争能力等条件是否与所选择的细分市场相匹配。

(三)对细分市场的选择

旅游企业一般会采用以下三种策略对目标市场进行选择。

1. 无差异性市场策略

无差异性市场策略是将所有的细分市场视为统一的整体,忽略市场中的差异化需求,只开发一种产品,或运用统一的营销策略,这是一种求同存异的做法,其优势就是能够产生显著的规模效应,提高生产效率。大规模销售容易形成名牌效应,而且营销成本较低。但是这种大而化之的做法也存在一定的弊端,毕竟消费者的需求是多样的,虽然无差异性市场策略能够吸引到大部分消费者,但企业推出的产品或服务可能并非是消费者满意的。

2. 差异性市场策略

此策略的特点在于重视不同细分市场各自的特点和差异,根据旅游者的不同需求特点，开发不同的产品，采取不同的营销策略。

这种市场策略的优势在于能够做到精准，可以把握不同消费者的消费心理和消费需求，进而设计出令其满意的产品，同时，多样化的产品设计和营销方式能够降低企业生产经营风险。但是这种策略也存在一定的弊端，如被细化的市场种类过多，但每一种类的消费者人数并不多，而又要满足不同消费者的需求，这种情况下，企业在产品设计、消费者管理等方面花费的成本就会提升，而且为应对多样化的需求，企业难以保持较高的生产效率。

3. 密集性市场策略

密集性市场策略是在市场细分的基础上，企业选择一个或几个细分市场作为自己的目标市场，然后集中企业的全部精力，以某几种营销组合在该市场进行产品推广。实行这种策略的往往是资源能力有限的中小企业。

这种策略谋求的不是在整体市场中零星的市场份额，其目的是在较小的目标市场中提高市场占有率，这样一方面能够最大限度地发挥企业的优势，另一方面可以尽量满足消费者不同的需求，有利于扩大企业在特定市场上的知名度。

二、旅游企业的市场定位

(一)市场定位的概念

市场定位是在了解消费者需求的基础上，针对消费者需求，设计出特点鲜明、符合消费者需求的产品，开发并向消费者传播产品信息的过程。其实质就是要针对特定旅游者群体的特定需求，进行产品及营销组合设计，以形成此类产品的竞争优势。市场定位贯穿于市场营销整体的战略，是与目标市场的需要、产品开发、促销、定价、销售渠道紧密相关的内容，是营销策略中最关键的一环。

(二)市场定位的过程

在把握好消费者偏好的基础上,从竞争的角度可以将企业市场定位分为三个步骤。

1. 发掘竞争优势

若想赢得更多的消费者,就要有自己独特的优势,这样在竞争中才能胜出,企业应发掘自身的竞争优势,为市场定位及挖掘消费者打好基础。一般地,企业的竞争优势主要体现在两个方面:成本优势和产品差别化优势,所以,在旅游企业中,旅游产品的开发设计能力及产品的创新能力是制胜的关键。需要做到这两点,一是要提高企业经营管理能力及技术创新能力,二是要提高企业的策划能力及创新思维,争取为消费者提供质优价廉、符合消费者需求的产品及服务。

2. 选择竞争优势

并不是所有的差异都能够成为企业竞争优势,在这众多的差异化优势中,那些能够给企业带来利润和价值的优势才是企业真正的竞争优势,在评价这些优势时,企业可通过以下几点进行价值分析:企业产品能够吸引到相当一部分消费者;二是差异化所带来的价格差异能够为消费者所负担得起,消费者能够理解、认可这些优势;三是这些优势具有真正的独特性,不易被竞争对手所模仿。

实质上大部分消费者对产品之间细微的差异并不是很敏感,所以,企业也没必要在一些很细小的地方制造差异,只需在消费者最在意的地方、最能体现企业风格或在目标市场最需要之处体现出差异即可。

3. 传播定位特色

在进行市场定位之后,企业还应该将其精准地传递给消费者,使这些优势为消费者所认识,这样,消费者才能选择企业产品及服务,才能在心里对企业产品特征、企业形象有一个整体定位。这也是企业市场定位的目的。当企业所处的市场环境发生变化时,就要重新定位产品的特色。

第三节　旅游企业营销组合

一、旅游企业营销组合的阐释

(一)旅游企业营销组合的含义

旅游企业营销组合是旅游企业根据目标市场的需要,对自己可控制的各种营销组合因素进行优化组合和综合运用,使其发挥最大优势,创造最大的营销价值。

旅游企业的市场营销组合因素主要包括四个方面:产品、价格、促销和分销渠道。企业进行市场营销组合,就是要对这四个基本因素做出选择和决策。

(二)旅游企业营销组合的特征

1. 可控制性

营销组合是一种优化设计,将各种营销因素进行搭配,最终实现最大的营销价值。营销组合的方式是可控制的,同时,每一个因素也是可以控制的,在企业进行各个营销因素的确定时,要坚持以消费者为中心,并根据环境的变化进行决策。如根据市场细分及消费者的消费需求的变化进行产品结构的调整,或根据市场竞争状况进行产品定价,等等。

正是营销组合的这一特点,给企业营销策划留下了很大的空间,使企业能够设计出不同的营销组合方案。

2. 并非一成不变

营销组合随市场环境的变化而变化,营销组合的目的之一就是迎合市场需求。所以,企业要密切关注企业内外部环境的变化,对企业面临的威胁和机会进行捕捉,以设计出最有价值的营销组合。这也是企业在市场取得主动的关键。

3. 注重整体作用的发挥

旅游市场营销组合由于各个因素的相互配合所产生的整体效能超过了每一个因素各自单独产生作用的效果的综合,这就是系统的整体作用。

4. 多层次性

营销组合是一个多层次的组合,产品、价格、促销及流通渠道是四个大的因素,但每一个因素中要包含诸多小的因素,这样划分下去,其涵盖的微小因素数量也不少,而且这些细微因素之间又可以进行组合,形成不同的层次和系统,所以,要充分挖掘营销因素之间的关联,进行不同的设计,使企业有更多的营销组合选择。

二、旅游企业的产品组合

(一)旅游产品的概念

从旅游企业的角度来看,旅游经营者在向游客提供服务满足其要求时,会借助一定的旅游资源和旅游设施,这就是旅游产品。从旅游者的角度来讲,为不断满足自身的旅游欲望,而支付一定的时间、金钱以及精力的过程,就是他们进行旅游产品的消费过程。

(二)旅游产品组合策略

根据企业的经营目标、本企业多拥有的现实资源以及市场的需求状况,旅游企业的经营者不断对产品线的广度、深度以及关联度进行不断组合的过程,就是旅游产品的组合过程。旅游产品线是指能够满足同一类的旅游需求的一系列旅游产品的集合,这些产品在功能、性质、价格等方面具有一定的相似性。旅游产品组合的宽度是指旅游企业生产经营的产品线的数量。旅游产品组合的深度是旅游企业每一产品线中所包含旅游项目的数量。

常见的旅游产品组合策略有以下几种。

1. 地域组合

地域组合是按地域进行旅游产品线整合,即将具有地域特色并且差异性较大的旅游产品项目进行组合。这样可以给予消费者以新鲜感,使其体味到风格不同的地域风光。例如,企业可以将以自然风光出名,以古文化遗迹出名,以宜人气候出名的不同地域进行组合,给予消费者全方位的旅游体验。

2. 内容组合

内容组合是指突破地域限制,以主题或内容进行旅游组合,如中国红色旅游、都市旅游、乡村旅游等形式都具有这一特征。

3. 时间组合

时间组合是根据季节的变化来组合不同的旅游产品,如春季赏花、夏季避暑、冬季滑冰等旅游产品。

(三)旅游产品的开发程序

旅游企业只有不断进行新产品开发才能延长产品的生命周期,满足不断变化的市场需求。从开发层次的角度来看,可以把旅游产品开发分为四种类型:全新产品、换代新产品、改进新产品、仿制新产品。

旅游产品开发是一个搜集创意到最终形成产品投入市场的系统性的过程。这个过程包括七个阶段：

1. 提出构思创意

提出构思创意主要是通过市场调查搜集所需要的信息，并将信息进行整合，将旅游者的市场偏好、当前市场竞争格局、经济社会发展趋势加以总结，初步提出旅游产品开发的想法与思路。旅游产品构思创意来源可以多样化，可以来源于旅游企业的研发部门、营销部门、一线员工、旅游者、竞争者等途径。

2. 筛选创意

旅游产品的构思创意有多个，但还要经过进一步的筛选，筛选的目的是尽快形成有吸引力的、切实可行的构思，以免造成时间和成本的浪费。筛选应考虑的主要因素包括：这些创意构思是否符合市场需求，企业是否具备相应的资金、技术，财务上是否能够支撑，等等，这些因素都需要明确的分析。

3. 形成产品概念

只有形成新产品的概念，才能促进新产品的开发，因为只有粗略的产品构思在转化为详细的产品概念时，才能用有意义的消费者术语进行描述。

每一个抽象的产品构思可以转化为几个具体的产品概念，这些产品概念里主要包括以下内容：哪些人会成为这些产品的使用者，这些产品具有哪些功能，这些产品在什么情况下使用。若企业从这三个方面进行探索，可以将产品构思进行概念转化，以更好地确定产品独特的市场定位，使其获得竞争优势。

4. 进行商业分析

主要是对产品的预计销售、成本、利润进行分析，以判断其是否符合企业价值目标,如企业可以通过市场上类似产品的销售情况来估计产品的销售额,或通过消费者调查深入了解产品的销售情况,企业要对产品销售的最好、最坏情况进行充分的了解,加强风险的防范能力。同时在销售预测的基础上,可进行成本与利润的预测,深入考察产品的盈利能力。

5. 研制和开发新产品

在对新产品形成产品概念、进行商业分析之后,可着手新产品的研制与开发,即将产品概念转化为实体产品。实物产品的开发与研制既要考虑到实际的需求水平及消费者的需求爱好,也要使技术有一定的先进性,以激发起消费者的兴趣。

6. 试销

试销是将旅游产品在真实的市场环境中进行营销以检验其销售效果,这样能够使我们进一步了解消费者的偏好及对产品的价格、式样、促销形式的接受程度,对市场情况的了解能够使我们对新产品有更深入的把握和了解,及时发现新产品的缺陷,能够有效避免新产品大规模上市后遭遇失败。

7. 新产品市场投放

试销成功后的新产品,可以被投放进市场。在这一阶段,经营者需要选择合适的销售渠道以及销售手段进行产品的推广活动。

三、旅游企业的定价方略

(一)旅游产品价格的类型

旅游产品的价格具有多种划分类型。旅游产品的价格可分为包价和单独价格。此外,旅游价格还有旅游差价和旅游优惠价两种特殊形式。

同一种旅游产品,由于其所处的地点和时间不同,会存在不同程度的价格差异,这种差异主要有地区差价和季节差价。

旅游优惠价是指在明码标价的基础上,按照一定的折扣或者其他优惠条件给予旅游者的一种价格优惠。旅游优惠价一般来讲,有三种类型:第一种是根据旅游者所购买的旅游产品的数量进行一定比例的优惠,量大从优就是这一典型;第二种是针对旅游者的行业性质而施与的一定优惠,一些特殊的市场群体如退休人员或者行业者等享有此类优惠;第三种是进行价格折扣,这种情况多见于为了产品的促销而采取的价格战略。

(二)旅游产品价格的决定因素

决定旅游产品价格的因素主要有以下几个方面。

1. 产品成本

成本是产品定价的基础,一般来讲,企业产品的价格要高于其成本,这样企业才能盈利,旅游产品的成本主要包括生产成本、销售成本等。

2. 游客对旅游产品的预期

消费者会对产品形成价格预期,消费者的预期是一个价格范围,而不是精确的价格。企业可以对消费者预期进行调查,形成产品合理的价格区间。

3. 市场供求状况

正常情况下,旅游产品的价格会受供求状况的影响,价格与市场需求呈反方向变动的关系,当市场需求旺盛时,企业可以提高价格,当市场低迷时,企业可以降低价格,企业要按照供求规律来制定产品价格,根据市场需求的大小,制定出合理的价格。

（三）旅游定价策略

定价策略是企业制定价格的指导思想和行动方针，也为营销人员在定价中遇到问题时提供了解决问题的基本原则。旅游产品的定价策略涉及以下两个方面。

1. 新产品定价策略

新产品定价策略是指为新产品制定基本价格的定价策略，主要有市场撇取定价和市场渗透定价两种。

（1）市场撇取定价策略。这是指在产品刚投放市场时，企业会制定较高的价格，通过吸引支付能力强的消费者，以尽快回笼资金，这种方法是利用人们求新的心理或彰显自己社会地位的心理，使消费者购买企业的新产品。

（2）市场渗透定价策略。这是一种以低于成本的价格来吸引消费者的策略，企业薄利多销，通过低价获取较高的市场份额。

2. 促销定价策略

促销定价策略是指在为产品制定价格时应考虑企业促销活动的需要，使价格的确定与促销活动相互协调。

（1）价格领袖策略。即旅游企业为了更好地促销，将企业产品价格定在成本价格之下的一种方法，其目的是迅速提高产品的知名度。

（2）专门事件定价策略。即旅游企业运用一些"事件"进行促销，以引起公众的注意，如在节假日的促销。

（四）旅游产品的定价方法

旅游产品的定价方法从理论上可分为三类：以成本为中心的定价法、以需求为中心的定价法和以竞争为中心的定价法。

1. 以成本为中心的定价方法

这种定价方法是成本加上附加利润额，这一定价方法忽略市场需求的因素,更加注重成本的花费,将重点放在预期的利润。市场环境变化较大时,这种定价方法难以适用。

2. 以需求为中心的定价方法

这是一种基于消费者对产品价值认知程度来实行定价的方法,将消费者对产品的需求视为关键的价格影响因素。其关键在于运用营销中的非价格变量形成消费者的感知价值,之后再选择合适的价格与此种价值相匹配。

3. 以竞争为中心的定价方法

即以市场上相互竞争的同类商品价格为定价基本依据,以随竞争状况的变化确定和调整价格水平的一种方法,这种方法中常为旅游企业采用的是随行就市法。随行就市法有两种形式:一种形式是基于本行业的平均价格水平而制定的价格标准,这是一种完全自由竞争的形式。另外一种形式是,在这一行业中,有一小部分的企业是价格领袖,它们在整个行业中处于垄断地位,中小企业为了生存为了应付竞争,会追随这些企业的价格来对产品进行定价。

四、旅游企业的促销方式

旅游促销是以达到扩大销售为目的的。促销方式主要包括:广告销售、公关销售以及人员销售等。促销能够使消费者知道企业在生产什么产品,其特点是什么,价格是多少,如何能够购买到,这些是促销能够传递的商业信息,促销还能够刺激消费者的购买欲望,得到开阔旅游市场的目的。

(一)广告

广告促销主要是利用报纸、广播、电视、网络等媒体途径,将产品信息传递给消费者的一种促销方式。广告促销是旅游企业经常采用的促销方式,消费者通过旅游企业精心设计的广告,能够对企业形象和产品特性有更深入的了解,而且消费者一般比较认可在媒体上得到宣传的产品,能够潜意识地对其产生好感。这种促销方式的特点是受众广泛,宣传效果佳。

(二)销售促进

销售促进是诱导消费者购买某一特定产品,或者是为了努力销售某一种特定的产品的行为。销售促进的目的是短期提高企业业绩,而且这种方式通常比较有效。旅游营销中的销售促进的方式主要有针对旅游者的销售促进活动、针对旅游中间商的销售促进活动、针对旅游推销人员的销售促进活动。

(三)公共关系

利用公关进行促销主要是企业通过开展公关活动,在促进产品产品销售的同时为企业营造良好的生产经营环境的一种促销方式。旅游可以针对新闻界、社会公众等开展公关活动,也可以针对消费者、旅游业员工以及目的地社区公众开展公关活动。公关关系促销的优势在于能够为企业树立良好的口碑与声誉,使企业建立起与公众良好、和谐的关系。

(四)人员推销

人员推销是与潜在消费者进行直接沟通,最终促进销售的达成。这种促销方式的优点是直接、准确,能够实现推销人员与潜在顾客的双向沟通,其缺点是成本较高,推销效果有限等。

(五)旅游印刷品

旅游印刷品是旅游促销组合中的一个重要因素,是旅游促销中常用的手段之一,旅游印刷品表现力强,图文并茂,能够激起潜在消费者的旅游动机。

五、旅游企业的销售渠道选择

(一)旅游产品销售渠道的概念

旅游企业通过多种方式,将旅游产品最终输送到消费者的手中,这一流通结构就是旅游产品的销售渠道。旅游产品从最初的供应者经由一定的方式,最终流向消费者,这期间会经过许多中间环节,中间环节的多少就是旅游产品销售渠道的长度。而一个旅游企业在销售产品的过程中,会设置许多销售的网点,这些网点的数目和分布的格局,就是指销售渠道的宽度。

(二)旅游产品销售渠道的类型

旅游企业的营销渠道可以分为直接销售渠道和间接销售渠道。

1.直接销售渠道

直接销售渠道是指旅游产品生产者或供给者直接向旅游者出售产品。这一渠道主要包括消费者主动购买旅游产品,旅游企业通过销售网点销售旅游产品等,这种营销渠道具有很强的实效性,销售量较大。

2.间接销售渠道

这种销售渠道是利用中间商将旅游产品供给给消费者的途径和方式。间接销售渠道按照所经中间环节的多少,又可分为单层次渠道、双层次渠道、多层次渠道等不同的模式。一个旅游企业可以有多个间接销售渠道。

(三)选择销售渠道的基本原则

销售渠道的选择要坚持消费者导向和经济效益导向的原则。

消费者导向主要以满足消费者的需要和消费者购买商品的便捷性为原则,经济效益导向则着眼于选择最佳的销售渠道能够较大限度地为本企业带来销售收入,使企业获得一定的经营利润。

(四)影响渠道模式选择的依据

影响旅游企业选择销售渠道模式的因素很多,其中既有旅游企业内部的因素,也有外部经营环境的因素。

1. 产品因素

旅游产品是旅游企业在进行分销渠道决策时首先要考虑的因素,即要考虑产品的价格、技术服务水平、声誉等,技术服务难度较大的、高档次的产品适宜于短而窄的分销渠道,而大众性的、生命周期较短的产品适宜于长而宽的分销渠道,对于市场范围大的跨区域经营的旅游产品,通常利用中间商销售。

2. 市场因素

影响旅游企业销售渠道的市场因素主要包括市场规模、消费者与生产者之间的空间距离以及消费者市场的集中程度。

一般而言,为满足大规模市场的需求,企业会设置较多的销售网点,这样消费者才能方便、快捷地购买到企业产品。

客源市场的距离也是影响分销渠道选择的一个因素。若客源市场距旅游产品较远,间接销售渠道是比较好的选择;若客源市场区域距离旅游产品生产者较近,直接销售渠道是比较好的选择,这样可省去很多不必要的环节。

客源分布的密集程度对分销渠道的选择也有一定的影响,若客源集中,适合由旅游零售商建立销售渠道,而不必增加旅游批发商的参与,若地域内客源分散,则宜同该地区的旅游批发商建立业务联系,由旅游批发商进行销售。

3. 企业自身因素

企业自身的因素也会影响到旅游企业对销售渠道模式的选

择,除此之外,企业经营渠道的建立和运行还会受到企业的经营规模以及接待能力的影响。

4. 外界环境因素

经济、人口、政治、技术、自然等这些外界环境因素都会对旅游企业的渠道选择产生影响。在经济繁荣时期,旅游企业选择渠道的余地较大;经济不景气时,会选择最经济的方法售出产品,尽量使用短渠道。技术的更新与进步对渠道的设计和选择影响较大,如当前网络营销的兴起。

第五章　旅游产品策划与设计

目前,关于旅游产品的定义还没有一个统一说法,但每次旅游活动,都是由多种要素组合而成的,主要包括食、住、行、游、购、娱等。旅游产品是旅游企业盈利的重要依仗,根据市场的需要与特点,策划与设计旅游产品能够为旅游企业带来丰厚的回报。

第一节　旅游产品的含义、构成和特点

一、旅游产品的含义

旅游产品是一个综合概念,即在一次旅游活动中,由不同的单向产品和服务有机组合在一起而成的一种综合性的、具有旅游服务性质的产品。一般来说,这些旅游产品的各个组成细节与组成部分是旅游企业针对不同的市场目标将其串联组合到一起,形成一个具有综合功能的综合产品。

关于旅游产品的概念还有多种说法,主要都是从产品的各个角度对其进行说明和界定,比如有些学者从旅游产品的供给者对旅游产品进行定义,他们认为旅游产品是旅游企业的经营者利用特定的旅游资源和旅游设置,满足顾客旅游需求的综合性旅游服务活动。其他关于旅游产品的概念,主要是从产品的不同角度进行阐述的。另外,还有人从旅游需求者的角度出发对旅游产品进

行定义,他们认为旅游产品是旅游者消费的所有满足自己旅游需求的产品以及服务的综合体,这样旅行者所有的服务和需求都得到了满足。

二、旅游产品的构成

从市场学角度引用产品整体的概念,旅游产品一般主要由核心产品、形式产品和延伸产品三部分组成,此外还包括期望产品和潜在产品两部分。

(一)核心产品

核心产品是指产品满足消费者的基本需求和核心价值,是消费者购买和消费的主体部分,它使消费者某一方面的需要通过产品的使用和消费得到一定程度的满足。核心产品是顾客需要的中心内容,是顾客购买某种产品时所追求的利益。

旅游核心产品是旅游产品最重要的特征,主要涉及旅游吸引物和旅游服务。旅游吸引物是自然界和人类社会能对旅游者产生吸引力,可以为旅游业开发利用,并可以产生经济效益、社会效益及环境效益的各种因素和事物;旅游服务是指从业人员依托旅游吸引物和旅游接待设施向游客提供的各种劳务。旅游区域内的景观和服务能给游客带来的就是喜悦惬意的内心体验,使产品直达人心,使没来看的人充满幻想,使来过的人激动不已。

(二)形式产品

形式产品是指构成了旅游产品的外在形态是实现其服务功能和保证核心产品的效用和价值得以实现的基础的旅游产品。旅游产品的形式与多个要素紧密相关,比如旅游产品的物质载体、外在形象、品牌形象、服务特色、市场声誉以及营销组合策略等。

旅游产品是一种特殊的产品,它与传统意义上的产品有很大的差距和不同,我们必须正确认识与理解旅游产品的内涵与特点。旅游产品的核心主要体现在载体的设计上,但旅游产品又不能像传统产品一样被陈列在橱窗和柜台之上。旅游产品主要依靠企业的品牌效应为人们所知晓,因此,旅游产品从本质上说只是旅游企业经营的一种形式,旅游企业产品的营销本质上是旅游品牌的营销。

(三)延伸产品

延伸产品,是旅游产品的附加产品,是指旅游人员在履行过程中,因为购买旅游产品而获得额外的服务,比如信息服务、旅游团优惠价格以及获赠的礼品等。从旅游产品的提供者这一方来说,附加产品是其在提供正式的旅游产品之外,为了更好地为游客提供服务或宣传自己的品牌形象而向游客提供的额外服务或者产品。旅游延伸产品可以提高旅游产品的价值,为游客提供更加优质、便捷的服务,是旅游企业吸引顾客、塑造良好品牌形象的重要举措。

三、旅游产品的特点

从旅游产品的概念中我们可以看出,旅游是一种以提供服务为主要内容的综合性的产品,它与一般意义上的产品有很大的不同。一般性的企业产品是先按成生产然后提供给消费者,而旅游产品则是在完成对游客的服务之后才算是最终完成,这也使得旅游产品具有了其他产品所不具备的特点。

(一)无形性

大多数行业的产品都是有具体形状与外观的,人们可以看得到,也可以摸得到,它们都是有形有质的商品,比如洗衣机、电冰箱等看得见的有形产品,它们并不是旅游产品。旅游产品是无形无质的,看不见、摸不到。虽然旅游产品的构成部分当中有一部分有形产品供应,但是这些物品都是为了更好地完成旅游产品的服务功能,它们也只是作为旅游产品的一个功能服务部分而存在,比如旅游提供的餐饮、交通服务等,它们并不能独立完成整个旅游服务的过程。

(二)生产与消费的同步性

无形的旅游产品大多是为了帮助旅行者到达目的地为基础的,也就是旅游企业可以借用一些旅游资源和旅游设施促使消费者进行消费。旅游企业服务提供的过程就是旅行者进行旅行的过程,这个过程旅行者是全程参与的,因此旅游产品的生产与消费是同时进行的,我们称这种情况为生产与消费的同步性。这是旅游产品所具有的特殊共性,它们都是先进行推销,找到消费者然后同时完成生产与消费。正式旅游产品具有生产和消费商的一致性,旅游企业必须与顾客紧密的联系,二者有效的互动与交流才能更好地保证旅游的质量。旅游者不能把旅游景点带回家欣赏,只能去景区游玩才能欣赏到景区的景色。因此,旅游的消费活动发生在景区,旅行者却不能将旅游产品带回家,景点的所有权并没有因为游客的消费而发生改变。

(三)季节性

旅游产品的季节性主要是指旅游活动随着季节的变化而呈现出不同程度的波动。旅游活动分为淡季和旺季,一般来说在温度适宜、景色秀美的时间旅游景点的游客较多,我们称这一段时期为旅游旺季;而在气候过于炎热或者过于寒冷的季节,人们不愿意选择外出,此时旅游活动处于淡季。有些特殊性质的旅游景点并不受到这一基本规律的制约,比如哈尔滨的冰雕艺术只能在冬季的时候才能欣赏,而野外漂流等旅游产品只有在夏季才能体会其乐趣。总体上来说,人们的旅游活动一般都会受到气候条件的影响,因为人们更想在舒适的季节享受旅游带来的美好趣味,与之相对应旅游产品也就具有了明显的季节性。

(四)替代性

虽然旅游度假已经成为人们生活的重要组成部分,但是旅游毕竟不是基本生活消费,它受到旅游者的经济条件、社会治安、交通等多种因素的影响,因此旅游产品在市场上的需求具有很大的弹性和替代性。替代性即其他商品具有代替旅游产品的性质,并且随着旅游产品价格的变化波动,对旅游产品的需求产生一定影响。旅游产品本身的替代性很强,尤其是随着旅游景点的不断丰富,人们选择的空间也越来越大。此外,随着经济和社会的不断发展,人们消遣娱乐的方式越来越多,消费者对旅游产品以及不同消遣娱乐方式的选择变得相当灵活,这给旅游产品的市场需求带来了较大的影响。

例如,2009年新疆"7.5"事件以后,新疆安全环境急剧恶化,有意前往新疆旅游的游客纷纷改变主意,前往青海、甘肃、宁夏、内蒙古等景观风情相似的旅游目的地,这样青海、甘肃、宁夏、内蒙古就成了新疆旅游的替代品,出现了前所未有的旅游热潮。

(五)趋同性

趋同性,是指各旅游产品经营者之间提供几乎相同的产品。这种趋同性,主要表现在餐饮、住宿、交通、景点运输等单项旅游产品上。一个航空公司的班机和另一个航空公司的班机差异性很小,因为飞机是同一个制造商生产的。飞行员的差异性也很小,宾馆由于普遍实行国际通行服务标准,硬件设施和服务也呈现趋同化;景点从规划开始决定了不可能根据游客的需求进行个性化调整,一个景区只能提供同样的景观、服务给所有来景区旅游的游客,因此,旅游产品中的单项旅游产品,表现出整体的趋同性。

第二节　旅游景区产品开发

一、旅游景区产品概念

旅游景区产品是一个复杂的概念,可以区分为广义、中义和狭义三种情况。

广义的旅游景区产品是由三个部分组成的,即旅游景观、旅游设施以及旅游服务。在这三个组成部分当中,旅游景观是决定其能否成为旅游产品的前提,因为旅游景观决定着旅游产品是否能够吸引游客前来观赏;旅游设施是旅游产品的重要组成部分,通常情况下旅游设置包括建筑、游乐设施、交通设施等;服务是旅游产品的弹性组成部分,它在旅游产品中占的比重和发挥的作用要根据旅游产品的内容和性质确定。一般来说,只有旅游景观才能构成旅游活动的吸引物,是旅游产品中最基础、最核心的部分,但是这并不意味着旅游设施和旅游服务在旅游产品中可有可无,三者是相互联系相辅相成的。比如,如果没有旅游设施提供的交通设施、游乐设施,旅游景观可能会因为交通不变或者旅游项目单一而无人问津。

中义的旅游景区产品是指旅游景观和旅游设施构成的集合体。这一层面上的旅游景区产品含义具有较强的物质产品特点,这是景区旅游产品策划与设计的过程中应该注意的一点。通常来说,景区旅游产品策划设计的重点主要集中在景观、交通、通信、餐饮、住宿、休闲、购物等方面。

狭义的景区旅游产品仅是指旅游景区内的旅游景观,我们可以将其视为通常意义上的旅游景点,以及一部分人文景观和景区特色的服务表演。

二、旅游景区产品的特征与功能层次

(一)旅游景区产品的特征

旅游景区产品是一种较为特殊的产品形式,除了具备有形实物和无形服务的兼容性之外,还具有以下基本特征。

1. 整体性

旅游景区产品的整体性与旅游景区所包含内容的多样性是密不可分的,单个景观往往很难作为一种旅游景区产品加以开发利用,同时,大多数旅游者做出购买旅游景区产品的决策时,都不仅仅考虑一项服务或产品,而是将多项服务或产品结合起来进行考虑。因此,从某个意义上说,旅游景区产品是一种综合性的整体产品。

旅游景区产品的整体性还表现在它是一种生产和消费同时进行、不可贮存的特殊产品,当没有旅游者到来并购买时,旅游景区产品就不会被完全生产出来,也就无法像其他有形产品那样,在暂时销售不出去的情况下可以贮存起来,留待日后再出售。因此,旅游景区产品的生产与旅游者的在场消费是同步进行的。

2. 地域性

地理环境的区域差异规律是人们在生存发展过程创造出的独特的地域文化,如有特色民居建筑、语言、民族服饰、饮食文化等,旅游景区产品处于一定的地理区域,是一定地理环境的重要构成要素,因此,旅游景区产品的区域差异是客观存在的。

3. 季节性

气候的变化会使旅游景区产品的特性、旅游吸引力大小等发生一定的影响或变化,同时,各种节假日的出现,也会使旅游景区在该时段出现旅游旺盛现象。旅游景区产品的这种季节性,会使旅游景区呈现出一定的旺季和淡季。因此,重视不同类型旅游景区产品的组合,使旅游景区淡季不淡或者延长旅游景区旺季时段,也是相当重要的。

4. 文化性

文化是旅游者的出发点和归结点,是旅游景区吸引力的源泉,是旅游业的灵魂。随着经济和社会的发展,人们的旅游活动方式逐渐由单纯的游山玩水向求知休闲过渡,文化对于旅游景区发展的影响越来越大,因此,旅游景区产品深层次的文化内涵是吸引游客的关键所在。

(二)旅游景区产品的功能层次

旅游者在购买旅游景区产品时,通常关注所包含的各种旅游产品能否满足自身审美或愉悦的需求,由于产品性质与类型的不同,给旅游者带来的体验感知程度也会相应有所差异,从而使作为整体性产品的旅游景区产品内部存在着明显递进关系的功能层次(表5-5)。

表5-1 旅游景区产品的功能层次

层次	特征	表现形式	功能导向
基础层次	陈列式观览	自然与人文景观	静态的观赏
提高层次	表演式展示	民俗风情与购物	动态的视听
发展层次	参与式互动	亲身体验与娱乐	全方位的感受

旅游景区要想形成规模旅游和特色旅游,产品系中必须按比例同时满足包含上述三种功能层次的旅游产品类型,基础层次的旅游产品能够较好地向公众传达旅游景区的本地形象,是旅游景区进行深度发展的基石;提高层次和发展层次的旅游产品则是增强旅游景区吸引力、促使旅游者多次来访和重复消费的保证,也最能体现出旅游景区产品的质量和特色。

生产和向顾客提供产品的员工本身就是产品的一部分;顾客参与产品的生产过程;旅游景区产品没有严格绝对的标准;旅游景区产品具有不可储存性;旅游景区产品是不可试用的产品;旅游景区产品只是向购买者提供共享使用权;旅游消费者只享有旅游景区产品的暂时使用权;旅游景区产品具有不可移动性;旅游景区产品的实质是一种经历(图5-1)。

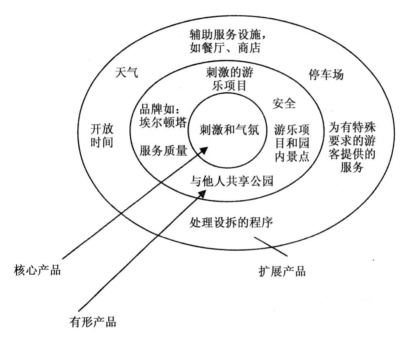

图5-1　产品的三层面——以主题公园为例

三、旅游景区产品的设计与策划

(一)旅游景区产品设计与策划原则

旅游景区产品的设计与策划应遵循依托资源、面向市场、突出主题、注入文化、形成系列、塑造品牌的原则。

1. 依托资源

旅游景区的产品设计要以规划区域的旅游景观和旅游资源

为基础,对旅游景区的旅游潜力进行充分的挖掘,结合当地特色充分发挥旅游资源的作用。

2. 面向市场

旅游景区产品的规划与设计必须要以市场为基础,以游客需求为基本宗旨。在旅游产品的设计与开发过程中,要对旅游市场进行调查与研究,尤其是对不同的消费者人群要进行深入的了解与分析,设计出针对性强、可玩性高的旅游产品。

3. 突出主题

旅游景区的产品规划应该紧凑集中,围绕某一旅游主题设计布置,既要体现出景区独有的优势,又要通过产品设计弥补景观本身的不足,最大限度地提升旅游产品的吸引力。此外,在游客旅行的过程所有的服务设施和服务活动也要尽量突出产品的主体特征。

4. 注入文化

一种文化的表现形式就是一种文化产品,如茶文化节是一种表现形式,而建造茶树、动、植物、人物雕塑园、建茶壶形旅馆、茶杯形茶亭则是茶文化的另一种表现形式。旅游景区产品的设计要注重文化的注入,要在整个旅游活动中的硬件和软件(设施和服务)中都要体现出一种主题文化,要体现出人文关怀和富有人情味,要在旅游景区产品中营造出浓郁的文化氛围,体现出旅游景区产品的文化品位。因此,在旅游景区产品的设计中要透彻地分析地方文脉,充分挖掘地方文化内涵,或根据旅游景区产品的主题注入相关的文化内涵,并对旅游景区产品进行文化包装。经过调查研究和分析总结,学界普遍认为文化注入包括三点:(1)对文化的内涵进行挖掘和丰富;(2)特别注重文化的表现形式;(3)注重在各个细节中体现文化性,如消费活动细节。

5. 形成系列

随着人们生活条件的改善,旅游收入占 GDP 的比重总体呈上升趋势,旅游景区的建设也成为发展当地经济的一个重要组成部分,发挥着越来越重要的作用。在设计旅游景区的产品时,要以地方旅游资源为依托,以市场导向为参照,尽量形成具有特色的旅游产品系列。景区还可以依据旅游产品的主题设计出系列化的旅游活动,既能提高景区的收入,又能给旅游者带来乐趣,还可以借此传播中华文化。如游人观赏茶园时,景区可以开展宣扬茶文化的系列旅游活动,具体内容包括喝茶(品茶、学茶艺)—吃茶(茶蛋、茶鸡)—洗浴(茶浴)—玩茶(听茶歌)。

6. 塑造品牌

在信息时代,人们的消费观念已从实物消费转为品牌消费,在购买或者使用一件商品时往往会更注重其品牌,如果产品体验良好还可能形成心理定式,并成为该产品的"忠实粉丝"。因此品牌在销售产品时至关重要,对人们的购买行为起着引导作用。旅游景区在进行产品设计时,在注入文化的同时,要深刻认识到品牌的作用,进行品牌构建,实行品牌运营。

(二)旅游景区产品策划的程序

1. 旅游景区综合环境分析

知己知彼,百战不殆。在当前激烈的市场竞争态势下,旅游景区在策划设计自己的旅游产品时,要想通过创新的开发来达到胜人一筹的目标,就必须了解自身及竞争对手的情况以及影响竞争的各种内外环境因素。如双方的基础设施建设状况、旅游发展水平、核心竞争能力,又如旅游产品发展的新趋势、新的科学技术手段在旅游产品开发中的应用等。

2. 旅游景区资源本底分析

旅游景区的产品策划建设基于对旅游资源的有效利用,产品特色取决于景区旅游资源的特色,这是由于旅游产品布置于景区中,需要与区域旅游环境和氛围保持一致,这就要求在旅游景区产品策划的前期,要对旅游资源进行认真调研与分析评价,并针对不同的旅游功能总结区分资源特色作为相应旅游产品策划的基调。

3. 旅游景区目标市场分析

旅游景区产品策划要做到有的放矢。不同类型的景区吸引的目标人群会有所差异,通过旅游市场细分找准目标人群也是旅游景区产品策划前期必须做好的另一项准备工作。目标人群的市场需求是旅游景区产品策划的"指南针",并以目标人群为导向策划设计出的旅游产品才可能被市场所接受,成为热销的旅游产品。

4. 旅游景区产品初步构思

旅游产品的构思是指人们对某些潜在的需求以及内心的欲望用功能性的词语和句子进行描述。对旅游产品的构思不能寄希望于偶尔迸发的思维火花,而是应该在全面了解景区旅游资源的前提之下,通过不断的刺激与科学的规划与设计完成产品的构思。这里所说的刺激并不是没有依据的天马行空的想象,而是在尊重客观实际的基础上的思维延伸与拓展。

5. 旅游景区项目构思评价

在经过一系列的调查研究和审慎思考交流之后,策划人员基于景区的具体实际已经形成了一些项目构思,但是这些构思并不会被全部采纳,还需要被甄选,优中选优。在选择项目构思时,要将诸方面综合考虑,权衡利弊,如可行性、市场导向、资金投入、后期测试……淘汰掉成功几率较小的项目构思,将主要精力集中于成功几率较大的项目构思,以节约资本,重点突破,从而有计划地提高旅游项目的服务水平和品牌知名度。

(三)旅游景区产品的创意策划方法

1. 文化差异与文化认向

从文化学的角度来看,旅游动机有两类,一是文化差异,二是文化认同。文化差异形成旅游吸引力,造成旅游动机,如异国情调与民族风情旅游产品、各种民俗节庆旅游活动等,吸引了大量游客。深圳世界之窗主题公园,洋快餐的肯德基、麦当劳,除吸引青少年以外,也吸引了追求新鲜的食客。文化认同是旅游动机追求一种文化认同,如寻根谒祖游等。

2. 典型集中

有特色的产品、分散的产品经过整合与包装,形成规模较大、水平较高的旅游产品。如深圳的主题公园、锦绣中华民俗文化村、欢乐谷等。还有大型节庆活动,也往往是整合和集中了地方文化旅游资源进行包装推出。

3. 逆向思维

与旅游者一般的思维习惯逆向而行的策划方法,如深圳野生动物园就是属于逆向思维法。人们所熟识的动物园一般为笼式动物园,动物在笼内,可称为封闭式动物园。深圳野生动物园的动物不在笼内而在笼外,人却在笼(车)中,成为开放式的动物园,从而成为我国国内第一城市野生动物园。这一产品新奇而且还向游客宣传了保护动物的理念。

4. 借鉴与引进法

旅游产品具有不可移动性,因此可根据市场需求借鉴和引进一些旅游产品,如城市和城市近郊的生态旅游产品。

5.时空搜索法

时空搜索法是从空间轴和时间轴两个向量上搜寻与本地区位、市场及资源条件的最佳交叉点的方法。

在两个轴上的极端方向的旅游产品往往能吸引更多的旅游者,如现今的旅游在时间轴上有两大趋势:古和今,追求返朴归真的复古思想和追求高科技的发展思想在目前旅游界占据重要地位。民俗街区传统建筑的保护,农家乐旅游、农舍旅馆及现代高科技的游乐产品,受到欢迎,是回顾传统文明,享受现代文明的两种趋势。

在空间轴上寻找的是空间差异性,如城市人下乡、农民进城、国人出境也是目前旅游发展的空间移动规律,要据此来策划一些旅游产品。如在城郊建立面向城市儿童和青少年的生态观光农园或体验农园,开展"当一天农民,当一天果农,当一天渔民"等活动,而农村儿童到城市游乐园旅游,农民进城购物游览,城市市民下乡,从两个方向就可以策划很多旅游产品。

第三节　旅行社旅游产品设计

在旅游业蓬勃发展的社会背景之下,团体旅游的弊端日益显现,如团内的成员必须集体行动,主观性较弱,必须观看旅行社安排的节目、游览旅行社安排的景点、入住旅行社安排的酒店,难免会出现去到一个地方时不能游览完自己想去的所有景区、和不认识的人相处尴尬等问题,从而降低了旅游的兴致,甚至可能留下耿耿于怀的遗憾。基于此,当前旅游业散客化的趋势越来越显著,更多的人更倾向于独立出行,自主筹划旅程。根据业内人士分析,个性化的旅游正逐渐成为一种新的趋势。

旅行社面对此种行业情况,要想长久生存和发展,不得不对当前的经营理念和方式进行改变,将焦点集中于细分市场的运作,为不同的游客设计出不同的旅游产品,如个性化旅行套餐的定制、个性化旅行线路的定制,以最大限度地符合旅游者的喜好、满足旅游者的要求。当然这些服务并不是无偿的,旅游者要想获得专属服务,就必须为此多加酬劳。

根据随机采访调查显示,约有30％的人既想要获得更贴心的服务,又不愿意多花一部分钱,或者希望旅行社的收费能有所降低。也有人表示,信息时代,旅行社可以推出在线服务,为旅游者提供咨询,通过"网上定制",满足不同层次消费者的需求。散客时代旅行社的"定制旅游"新业务使旅行社产品设计成为很多旅行社必须研究的一个问题。

一、旅行社产品的概念和构成

(一)旅行社产品的概念

旅行社产品是指旅行社以自身的接待能力、市场导向和旅游资源等为依据,设计的包含吃、住、行、游玩等一系列活动和服务在内的旅行游览路线。一旦旅游者购买了该旅行社的产品,其就可以享受从出发到结束,整个旅行过程中的各项服务,具体包括餐饮服务、交通服务、客房服务、导游服务等。总而言之,旅行社产品就是将旅行过程中各种零碎的旅行产品,如住房、餐饮、客运等有机结合,使其成为一个有组织、有计划的系统,具体表现为对游客旅游过程中各项事务的事先安排。

(二)旅行社产品的构成

1. 旅游产品的主题

旅游产品的主题是旅游行程和特色的高度概括,能迅速吸引有需求的旅游者的注意力,成为卖点。

2. 行程说明

旅行社的行程说明可以看作本次旅行的纸质向导和说明书，也可以看作旅行社和旅行者之间的合同文本，具体包括旅行过程中的吃、住、行等要素的具体安排。实际的旅行安排和旅行社行程说明的吻合度体现了旅行社的信誉度，也反映了旅行社产品的质量。因此，在设计行程说明时应立足实际、力求准确、内容翔实、条理清晰、安排具体。

3. 补充说明

补充说明又可以看作注意事项的特别提醒，使得旅游者对此次旅行抱有合理的期待和客观的认识，并且对可能出现的一些突发事件有良好的心理准备。

二、旅行社产品设计原则

(一)以游客需求为中心

旅行社产品设计的关键是瞄准市场需求进行有针对性的产品策划，具体来说就是保证旅游产品符合市场上大多数旅行消费者的消费需求和消费意愿。

普通的旅游者对旅行社产品的基本要求主要有以下几点：节省时间、路途较近、花费较少，旅游产品的层次丰富且具有较高的观赏与游玩价值。

随着经济全球化的日益发展，国际旅游日渐发展起来，对于来自不同国家和文化背景的游客，其旅游需求和目的也有所差异。根据经验，国际游客的旅游活动主要可以分为：观光度假型、娱乐消遣型、文化知识型、商务会议型、探亲访友型、主题旅游型、修学旅游型、医疗保健型等。比如，每年春季和秋季的展览会和交易会期间，很多外国人到中国谈生意，这些人出行大多会住高档的酒店,为了洽谈业务经常会在高档的餐厅宴请生意伙伴,他们不会考虑费用的问题,生意谈完,他们就会马上离开目的地。

国内的旅游者外出旅游的目的大多是游览风景名胜,观赏祖国的大好河山,缓解生活与工作中的压力。随着 80 后和 90 后逐渐步入社会,年轻人的旅游活动越来越丰富,他们普遍喜欢具有冒险精神和探索精神的履行活动,比如野外露营、攀岩、骑行、野外探险等。随着这种国外流行的旅游方式传入中国,我国的旅游企业应该把握住这种流行时尚,有针对性地设计旅游产品与旅游项目,吸引当代年轻人的旅游热情。

(二)人无我有,人有我特的主题突出原则

特色是旅行社产品对游客形成的吸引力,并促使他们消费的关键要素。不同的旅行者具有不同的旅游目的和旅游需求,但是只要是出于娱乐消遣目的的旅行者,对于具有特色的旅游产品具有更浓厚的兴趣。在旅游产品的设计中,旅行社要充分认识旅行者的这一心理特点,对旅游资源进行特色开发与利用。

求新求异的猎奇心理是人类的天性,因此单一的旅游景观很难引起人们去观赏的兴趣,甚至一些著名的风景名胜旅游区,游览过一次之后,就很难提起兴趣去游览第二次。因此,在旅游产品的设计中,不仅要突出旅游景点的特色,还要适时对旅游产品进行重新的包装与设计,保持人们的游览兴趣。

(三)生态效益原则

生态旅游的产生是随着人类认识自然水平的逐渐提升的结果,这一现象生动地体现了可持续发展的思想观念。生态旅游是经济发展、社会发展和环境发展的有机结合,它以生态环境为旅游产品的核心,通过优美的自然风光和自然环境吸引顾客获取经济效益,用景区的收入保护生态环境,促进生态景观的进一步完善和发展,形成一个良好的经济循环。生态旅游是一种先进的旅游方式和经济发展模式,在西方国家,生态旅游的方式非常流行

并受到人们的欢迎。

发展生态旅游是经济和社会发展的必然要求,随着自然生态环境的逐渐恶化,人们已经意识到了生态保护的重要性。生态旅游正是贯彻这一发展理念,促进经济与社会和谐发展的体现,生态旅游也必将成为旅游活动发展的一个重要方向。

(四)进得去,散得开,出得来原则

一次完整的履行活动,从空间移动的角度来说,可以分为三个基本阶段,第一阶段是从居住地到旅游目的地,第二个阶段是在旅游目的地的各个景点之间进行游览,第三个阶段是从旅游目的地回到居住地。旅游产品在游客空间移动的这三个阶段可以概括为:进得去,散得开,出得来。

交通是发展旅游产业的先行措施,如果没有便捷的交通,难以保证游客顺畅、便捷的进入旅游景区,就会大幅度降低旅行者美好的旅游体验,并且也不利于游客在景区内的游览,影响游览的效果。在快节奏的城市生活中,时间成本是游客考虑购买旅游产品的重要因素,如果景区的交通条件不能达到时间最短这一需求,很可能会因此而被旅行者从备选名单上去除。

(五)推陈出新原则

旅游市场在快速发展的过程之中,游客的需求会随着各种要素的变化而呈现出不同的状态,旅行社应该根据市场的变化及时对自己的旅游产品进行调整,推陈出新,保证旅游产品对游客的吸引力,有时候一条好的旅游线路的确定,能够为旅行社带来意想不到的经济效益与品牌效益。在新产品的带动之下,即使原本经济效益不好的旅行线路,也可能因为受到人们的关注而变得受欢迎,为旅行社带来更好的经济效益。

(六)旅行安排的顺序与节奏感原则

一条好的旅行线路就像一篇优秀的小说,有跌宕起伏的情

节,有平静优美的抒情,在序幕—发展—高潮—尾声的安排当中,让人感受到旅行的乐趣。

从游客的精力上来说,如果旅游活动排的过紧,会由于时间的仓促给游客造成走马观花的感觉,并且在来回的奔波中会让游客的身体一直处于疲劳的状态。一般来说,旅游活动的安排要松紧适度,既要保证游览内容的丰富性,又要保证游客的游览状态。根据经验,游览活动一般应在上午安排两个景点,然后让游客休息吃午饭恢复体力,下午按照游客的状态安排1~2个旅游景点。

在旅游产品的安排中,要充分考虑旅行团的客观情况。如果整个团中,老年人比例较高,应该减少旅游景点的安排,注重旅游的休闲型和舒适性,少安排或者不安排对身体负荷较重的旅游活动;如果旅行团中,中青壮年占绝大多数,应该适当增加旅游景点的数量,并安排一些充满冒险意味的旅游活动。一般来说,旅行社会在接到游客的申请后,将旅游需求和身体条件相似的游客安排在一个旅行团,以增强旅游活动的集体体验。

在旅游线路的设计当中,要注意不同景点之间的距离,尽量选择景观类型不同、距离较近的景点进行串联,避免将过多的时间浪费在路上。一般情况下,城市之间的交通消耗最好不要超过整个旅游时间的三分之一,但是由于各种突发情况对道路通行的影响,大多数情况下交通耗时的长短旅行社并不能准确的预计。合理的做法是如果发生意外情况,造成交通耗时过长,导游通过向游客讲述一些关于旅游景点的民俗、趣闻,如果沿途的风景比较好,可以向游客介绍一些沿途风光,让游客感觉物有所值。在旅游景区的各景点之间,应适当延长游客在景点停留的时间,使他们能够玩得尽兴,这对提高游客的旅行满意度具有很好的帮助。

从心理上来说,旅游活动开始之初,游客对整个行程充满了期待;在游览过程当中,游客的兴趣会随着行程的进行而增加;最后游客会对之前的行程充满留恋和不舍。因此在景观的设计上,旅行社要充分考虑游客的心理变化,合理安排行程,为游客提供一次美好的旅行服务。

(七)效益原则

旅行社的产品会作为一种商品向社会推出并销售,同其他的商品一样,旅游商品的设计也必须要以游客看的需求为基本出发点。从游客方面来说,旅行社在产品设计的时候也要注意减少游客的旅行成本,吸引消费者。

(八)热点、冷点兼顾原则

为了保持旅游的平衡,旅行社在产品设计的过程中不能把所有的热点景区全部都放在同一条线路之上,这样不仅会使游客因为一次游览过多热门景点而造成对热点旅游景点的旅游体验降低,也会造成其他旅游产品难以销售的困局。正确的做法是,旅游企业应该将热门、温点、冷点有机地搭配起进行旅行社产品的设计,这样既能保证旅游产品的吸引力,又能充分激发其他旅游产品的活力,将闲散的旅游设施利用起来,提高经济效益。

(九)安全性原则

旅行社产品设计中应该充分注意游客的人身和财产安全。一方面要注意游客拥挤造成踩踏、碰撞等危害人身安全的状况出现;另一方面要充分注意旅游景点的气象状况,以免由于天气原因造成的灾害对游客的安全造成影响。

三、旅行社产品设计的内容

(一)确定产品主题

一个好的旅游主题不但可以突出旅游活动特色,更能够带给旅游者不同的旅游感受,让其印象深刻。在确定旅行社产品所突出的主题时,要针对不同性质的旅游团确定不同的主题。目前,旅行社产品已经从无主题过渡到有主题,一个鲜明而富有特色的旅游主题可以使旅行社的产品更具吸引力。特色突出、富有时代感、经济实惠、富有吸引力等因素是确定旅行社产品主题时需要考虑的。

(二)线路编排

线路编排是旅行社旅游路线设计中的一个重要内容。在线路编排过程旅行社要按照合理的编排原则,科学安排游客的食、住、行、游、购、娱等各个环节,保证旅游者拥有一个愉快、舒适的旅程。我们可以从以下几个方面来了解路线编排的具体内容。

1. 旅行社产品策划

从形式上看,旅行社产品是通过合理的交通编排对旅行社产品上的各个旅游节点进行的合理链接。旅游路线的策划需要进行大量的前期准备工作,实地考察是其中最主要的一项。在实地考察中,旅游路线的策划人员要从旅游者和旅行社两个角度出发,对考察地的食、住、行、游、购、娱等各个方面进行全面的分析和研究。敏锐细致的考察是旅行社产品制定的基本前提,也是旅行社能够在新旅游路线中获取利润的保障。

2. 计划活动日程

计划活动日程是指旅行社产品中具体的旅游地点及时间的安排,在活动日程的安排方面,应该遵循劳逸结合、丰富多彩、节奏感强、高潮迭起的原则,保证游客以饱满的精神状态投入旅游活动之中,并且获得愉快的旅游体验。活动日程在具体的消费对象和价格影响下旅行社存在不同的设计理念。

3. 选择交通方式

从地理学意义上来讲,旅游是一种空间移动行为。在旅游中实现空间移动必须要借助交通工具,在交通方式的选择方面要体现"安全、舒适、经济、快捷、高效"的原则。在交通工具的选择上应该注意两点：首先，不同的交通工具有不同的特点和游览效果，对此要有一个清晰的认识；其次，国内外交通现状也是选择交通方式时应该考虑的重要因素。总之，旅游过程离不开交通工具，在旅行社为新旅游路线进行交通工具的选择时，要综合各种交通方式的特点，扬长避短，合理安排。

4. 安排住宿餐饮

食宿是旅游活动开展的必要条件，应遵循经济实惠、环境幽雅、交通便利、物美价廉等原则进行合理安排，并注意安排体现地方或民族特色的风味餐。

5. 安排购物时间

购物费用通常在旅游者总花费中占 30％左右。需要遵循时间合理、能满足大部分旅游者的需要、不重复、不单调、次数不过多的原则，适当安排在旅游行政管理部门评定的"旅游定点商店"购物。

6. 安排适当的娱乐活动

旅行社可根据团队的需要，安排适当的带有旅游地特色的娱乐活动，满足旅游者参与娱乐、愉悦身心的需要。

四、旅行社产品设计开发的程序

(一)产品策划

好的产品需要好的策划，而好的策划离不开大胆的创意。创意就是开发新产品的设想。大多数旅行社都非常重视对产品创意的发掘，因为虽然并不是所有的设想或创意都能变成产品，但寻求尽可能多的创意却可以为开发新产品提供更多的机会。产品创意的来源主要有：

1. 旅游需求调查

旅游需求是产品创意的出发点，旅游者是产品信息的最好来源，通过对旅游者的问卷调查，分析旅游者建议书或组织旅游者讨论可以获取大量的第一手资料，促进产品创意的产生；此外，旅行社应重视分析旅游者投诉，产品被旅游者投诉说明产品肯定存在问题，分析旅游投诉，经过综合整理，最后则可转化为创意；另外，还可以从咨询公司、旅行社内部员工和有关报刊等媒介及统计资料中了解旅游者的需求、流向及市场的趋势，寻求产品创意。

2. 竞争对手分析

分析竞争对手经营的成功与失败之处，往往可以发现新的创意。旅行社要随时注意竞争对手的产品情况，观察分析其销售及游客对它们的评价与反映。

3. 旅行社销售人员及旅游代理商筛选

他们经常与旅游者打交道，了解市场行情与旅游者的需求与心理，也很清楚其他旅行社产品的优势，从他们身上获得的产品创意往往最符合市场的需要。

4. 产品创意甄选

提出产品的创意和构思后，要进行评价和筛选（图5-2），筛选时一般要考虑两个方面的因素：一是该创意是否与旅行社的战略发展目标相适应，如利润目标、销售目标、旅游形象目标等；二是旅行社有无足够的能力开发这种创意，包括资金能力、旅游开发所需要的技术能力、资源供给能力、旅游市场营销能力等。

有了好的产品创意，还要进一步策划客源地、客源层次、线路构成要素、日程安排及地接社选择等详细内容，形成了具体的产品概念。旅行社按照对旅游者的吸引力、销售量和收益率等评价因素从中选出最佳产品概念后进行实验,用文字、图片等形式展示在旅游者或旅行代理商面前,让他们进行评估,提出意见,以更好地选择和完善产品。

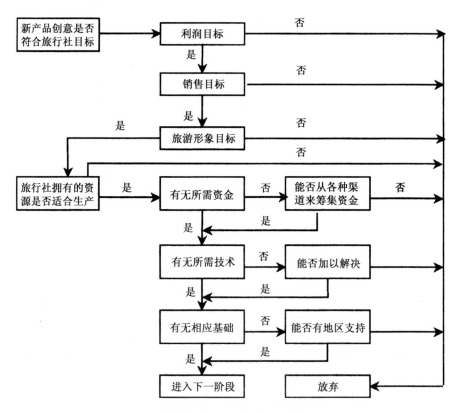

图 5-2　旅行社产品创意筛选的主要过程

(二)产品的试产与试销

旅行社产品设计出来以后,一般先少量投放到有代表性的小规模市场上,做一次至数次的试销,增进旅行社对产品销售潜力的了解,检查产品的优劣。试销前应注意几个问题:①确定典型的试销市场;②确定试销时间范围;③试销中应获取的资料,如试用率及再购率、市场普及率、推广费用和游客对产品的意见等;④采取何种方式试销,如出门推广、在旅游贸易展览会上推销等;⑤试销后应采取的行动。

产品初步投放到市场后,旅行社应从市场反应、产品发展潜力、竞争态势、价格和损益平衡等方面对产品进行分析,及时收集反馈意见,对新产品加以改进。但试销也可能暴露新产品信息,所以有的旅行社省去了这一阶段。

(三)正式投放

经过一段时间的试销,如果效果良好,旅行社就可以把新产品全面投入市场,恰当运用销售、促销等市场营销手段,尽量扩大市场占有率,提高产品的销售量和利润率。这一阶段应慎重做出以下决策:产品投入市场的时间,投入地点,客源、产品定位和具体的营销策略。一般的海外旅行社,9月份左右便要编制下一年度关于各种旅游线路的小册子,因此旅行社最好能在8月前就把新产品内容通报给它们。一般一种大规模的旅游产品要提前一年左右时间让海外旅行社知道,而且要对新产品进行详细的介绍,如交通工具情况、食宿情况、参观游览的项目及价格等要一一列出,以利于海外旅行社及时进行招徕、编制产品介绍及广告宣传。

(四)产品的评价改进

产品投入市场并不是产品开发过程的结束,旅行社还应每过一段时间,一般是一个旺季结束、下一个旺季到来之前,对现有产品进行竞争力评价,对产品质量的各环节进行调查、跟踪,不断改进产品质量,选出畅销及竞争力强、潜力大的产品和没有发展前途的产品。

第六章　旅游企业文化的塑造

　　旅游企业文化建设是建设现代旅游企业的重要举措。旅游企业文化与其品牌形象、市场口碑以及内部评价等有着密切的关系,加强旅游企业的文化建设可以更好地促进企业发展。

第一节　旅游企业文化概述

一、旅游企业文化的内涵

　　在了解了企业文化及旅游企业的含义之后,我们就可以知道,旅游企业文化就是在旅游企业的生产经营活动中体现出来的文化。张广海、方百寿从媒体的角度出发将旅游企业文化界定为旅游媒体文化,它较多地考虑了旅游业的行业性质及自身特点,较好地把握住了旅游企业文化的自身特色。

　　尹华光认为,旅游企业文化是旅游企业主客体相互作用而产生的物质财富、精神财富的总和,是旅游企业在长期为旅游者服务的经营活动中逐步形成的带有本旅游企业特色的价值观、行为方式、经营作风、企业精神、道德规范、发展目标及蕴含在企业形象和企业产品之中的文化特色的总和。这个定义比较宽泛,只是以企业文化的含义对旅游部门进行了简单的描述,没有突出旅游企业文化的特色和精髓。

　　对旅游企业文化含义的界定首先应当建立在对旅游企业特

性的把握之上。旅游企业是服务性企业，也是旅游者效用满足和旅游产品价值实现的中间环节，其经营效益也会随着旅游淡旺季而具有明显的差异性。因而，旅游企业具有服务性、媒介性、经营的周期性等旅游业自身较为明显的特点。

综上，旅游企业文化就是由其行业性质决定的服务性、媒介性、经营的周期性等明确反映出企业的经营宗旨、约束企业的经营行为、规范员工工作的企业价值观、企业精神、经营作风等文化特色，以及融合在旅游企业组织氛围、建筑特色、实物展陈等无形和有形方面的文化总和。同所有的企业文化一样，旅游企业文化也是实现旅游企业长远发展、增强其竞争力的源泉所在。

二、旅游企业的结构体系

旅游企业文化，作为一种圈子文化，有着其丰富的内涵。旅游企业文化主要由表层物质文化、浅层行为文化、中层制度文化和深层精神文化组成的完整结构体系。

（一）表层物质文化

表层物质文化是指旅游企业中的员工风貌、企业所在建筑景观、企业的用品文化和向消费者提供的产品文化，它是旅游企业文化的外在表现。旅游企业文化建设就是要提升它的文化含量，使它更具代表性，最大限度地让社会认同，以提高企业的知名度和美誉度。

旅游企业在名称标志、建筑形态等方面极力塑造一种醒目、易记的形象，这在饭店企业中尤为明显。如广州白天鹅饭店独具特色的中式园林中厅、有饭店标志的用品、饭店与周围环境所形成的独特景观等，都是属于饭店企业文化的表层物质文化范畴。我国旅行社行业中国旅的"CITS"、中旅的"CTS"、青旅的"CYTS"的品牌形象也是企业的表层文化形式。

（二）浅层行为文化

浅层行为文化主要包括员工礼仪、企业的经营活动、教育活动和文体活动。个体、组织的各项行为和活动是企业文化的动态反映。企业文化建设就是要使我们的各项活动统一在企业精神文化之下，成为贯彻、体现企业核心理念的自觉行为。

中国大饭店员工所具有的高超的服务技能、表现出来的高雅气质、高效便捷的服务行为、优美的服务姿态，都是属于旅游企业浅层行为文化的范畴。北京凯宾斯基饭店所承接的各种接待活动尤其是对国家元首的接待活动以及饭店一年一度的春节联欢晚会等文化活动，也是饭店浅层行为文化的表现。

（三）中层制度文化

中层制度文化主要包括规章制度、企业制度、领导制度和组织机构，它是企业管理模式的反映，是一种强制性文化。企业文化建设就是要使企业的制度文化全面适应企业精神的要求，促进企业文化体系的形成，使企业成为一个强有力的集体，更有效地为企业整体目标服务。

中国大饭店严格的制度管理，尤其是本饭店要求的"外卖"服务和在饭店提供的服务标准一致，就是旅游企业文化中中层制度文化的代表。正是这一系列制度的建立及其贯彻执行，造就了中国大饭店高素质的员工队伍和服务质量，也正是这一系列制度使中国大饭店赢得了商务旅游市场顾客的青睐。

（四）深层精神文化

深层精神文化主要包括文化素质、核心理念、思维模式，它是企业文化的根本所在，是企业文化建设的重点。旅游企业文化建设就是要去除那些不能促进企业发展、缺乏时代感的劣势文化，树立起为大多数员工认可并贯彻实施于工作中的先进的企业理念。

美国运通旅行社的"美国人走到哪里，运通就走到哪里"的经营信条、北京凯宾斯基饭店的"宾客的第一选择"的经营宗旨、青岛海景饭店的"以情服务、用心做事"的企业精神和"视宾客为家人，把宾客当亲人"的经营理念等都属于企业深层精神文化。

三、旅游企业文化的特性和功能

(一)旅游企业文化的特性

1.文化性

旅游活动本质上是一种文化消费活动，是一种文化的交流、学习与沟通。在旅游过程中，旅游者虽然也有着物质方面的需求，但以精神方面的需求为主，通过对文化的消费达到精神上的满足。因此，旅游企业的有形产品(包括设施设备)以及对旅游者的服务，除了要具有实用的性能外，还必须强化能较好地满足旅游者求新、求美、求知的文化功能。旅游企业的文化意识越强，它所提供的综合服务的文化品位也就越高，就越能够在较高的服务水平上满足旅游者的需求。因此，从一定意义上说，旅游企业的每个员工都是文化的创造者和传播者，主要原因有以下四个方面。

(1)旅游服务活动表现为文化活动

旅游服务文化始终存在并贯穿于整个旅游过程中，发挥着极其重要的作用。在整个旅游服务过程中，旅游工作者的一举一动、一个眼神、一种表情都是企业文化的展示，实际上，每个旅游企业都有着自己的文化，并形成自己的经营风格，向顾客提供高品位的旅游服务文化。

(2)旅游服务活动主体的文化素养决定着服务的品位和质量

制定与实施旅游服务战略不是管理者自己的责任，需要旅游企业的每一个员工都积极参与进来。这是因为旅游企业员工即旅游服务提供者的个人素质和文化素养直接关系着企业的文化建设和文化形象的塑造。

（3）旅游服务对象的需求决定着旅游文化的发展方向

旅游服务对象的多元化和旅游服务对象的个性化是旅游企业文化发展的基本需求，它决定了旅游服务的文化种类的多样性。旅游服务的提供者在向旅游对象提供服务的时候，要着重研究不同文化背景下的服务特点，针对游客的特点和需求提供优质的旅游服务。

（4）旅游服务活动是旅游企业服务文化的核心

旅游服务价值观、服务理念、企业精神是服务的精神内涵，构成了旅游服务文化的核心。

2. 服务性

旅游企业文化是一种经营服务型文化。旅游企业与工业企业不同，它没有一般意义上的生产活动。它与普通商业也不同，没有具体的商品，或者说它的商品是以无形的服务为主而不是以物质产品为主，旅游企业的生产经营活动以提供优质服务为中心。因此，服务性是旅游企业文化的基本特性。由于旅游产品具有无形性、不可转移性、生产与消费同步性、提前购买性和不可储存性等特点，使得旅游产品的质量显得尤其重要。但是，对服务质量的解释、定义、检查和控制等具体环节的统一却比较困难。比如，饭店总台人员的服务质量，不仅体现在其为客人办理入住或离店手续时的服务是否按程序并及时有效，还体现在其仪表、谈吐、举止、热情与否等等，前者的标准容易量化，后者的标准则难以量化。因此，饭店服务质量的提高，既要重视服务设施设备的完好无损，更要重视员工的人文素质、服务态度和服务技能的培养，提高优质服务意识。这种服务意识简言之就是"顾客至上"的观念。目前在旅游界流行的一些口号，如"顾客就是上帝""顾客永远是对的"等等，虽然在字面逻辑性上不一定成立，但为顾客、为旅游者提供了优质的服务，则是旅游企业做大做强的重要因素之一。

3. 国际性

旅游企业的消费者来自不同国家或地区,具有不同的文化背景、审美趋向和行为特征,这就要求旅游企业应建设具有世界性的服务文化。旅游服务文化的这一特殊性,决定了旅游企业的员工,特别是决策层要树立强烈的开放意识,认真研究和了解国际市场的消费趋势,了解主要客源市场的文化背景,从而设计和推出具有不同民族风格与文化内涵的服务产品,使旅游者在文化认同与文化反差中产生亲切感、享受感与满足感。同时,还要在企业经营管理和服务水平等方面与国际接轨,提高企业在国际市场上的竞争能力。

4. 人性化

旅游企业作为服务性企业,其企业文化中的人性化思想主要体现了"顾客至上"的观点。企业的产品无论是在产品功能上还是产品的形式上均要体现"以人为本"的观点,强调舒适、便捷、安全、雅俗共赏,考虑旅游者参与的群体性和多样性,以充分满足人们的心理需要和审美愿望。

5. 个性化

企业的个性是企业不同于同行业其他企业的一个标志,是企业经营特色的体现。特色经营是现代旅游企业吸引旅游对象的重要手段,也是企业参与市场和文化竞争的重要依仗。旅游企业经营管理模式和运作的特点决定了企业的个性,这也使得企业的市场定位越来越清晰,分工越来越明确。旅游企业的个性主要表现在企业的产品、服务以及经营方式等浅层的文化特征之中。因此,企业如果想要塑造独特的企业个性,增强自己在旅游市场中的识别度,需要在铲平、管理以及经营和营销的方式上进行创新,从而形成自己的独特风格,满足顾客的旅游需求,保持企业在市场竞争中的优势。

6.系统性

旅游企业文化的系统性我们可以从两个方面来进行理解。

（1）旅游企业文化是社会文化的重要组成部分，是社会文化系统的一个重要方面，它的形成不仅受企业内部因素的影响，也与社会文化有着密切的关系。

（2）旅游文化本身是一个综合性的概念，它体现着一种价值观和经营理念，是旅游企业全体人员的共同追求，受到企业员工的文化素质、企业环境等多种内部因素的影响。

7.差异性

旅游企业的文化差异，都是通过在外部环境中的对比才能够生动地体现出来，它即受到企业内部因素的影响，也深刻的带有民族文化的烙印。不同的民族有不同的生活习惯和风土人情，这种文化差异是旅游企业之间差异性的根本原因所在。

(二)旅游企业文化的功能

旅游企业的成功经营离不开良好的企业文化，而企业文化之所以能够帮助旅游企业取得成功，主要在于它的独特功能。具体来说，企业文化的独特功能主要体现在以下五个方面。

1.导向功能

所谓导向功能是指，旅游企业的文化对旅游企业的整体发展战略和员工的价值认同具有引导作用。旅游企业文化的导向功能主要体现在两个方面。

（1）旅游企业的文化对旅游企业员工个人的思想道德认识和行为标准具有引导作用，使他们能够自觉地将自己的思想和行为习惯调整到与企业文化发展之中。

（2）旅游行业的文化特点，或者说旅游文化与旅游企业有着密不可分的关系,因此旅游企业文化的发展,必然会推动整个旅游行业的文化建设。

旅游企业的文化一旦形成,就会自动形成一套特有的价值认同方式和行为取舍标准,如果员工的行为与企业文化发展的方向不一致,企业文化就会逐步引导其行为,使之走上与文化发展相一致的道路。因此,改善旅游企业经营管理模式,提高旅游企业的员工素质可以从旅游企业文化建设这个方向入手。

2. 约束功能

企业文化对旅游企业员工的思想、心理和行为具有约束和规范作用。企业文化的约束并不是制度式的硬约束,而是一种软约束,这种约束产生于旅游企业的企业文化氛围、群体行为准则和道德规范以及共同的价值观念等。因此,企业文化往往会以潜移默化的形式,形成一种群体道德规范和行为准则,某种违背企业文化的言行一旦出现就会受到群体舆论和感情压力的抑制,同时使旅游企业员工产生自控意识,并形成内在的自我约束机制,从而使旅游企业上下达成和谐与默契。

3. 凝聚功能

旅游企业文化体现着强烈的"集体意识",它一旦被员工共同认可后,就会成为一种向心力和凝聚力,将各方面的力量凝聚在一起,融为一个具有共同目标、共同利益的团体。旅游企业员工可能来自五湖四海,不同的风俗习惯、文化传统、工作态度、行为方式和目的愿望必然导致他们之间的摩擦、排斥、对立甚至对抗,这显然不利于旅游企业经营管理目标的实现,甚至会影响旅游企业日常工作的效率。旅游企业文化通过建立共同的价值观,寻找观念共同点,不断强化企业员工的合作、信任和团结,并使他们产生亲近感、信任感和归属感,培养与企业同呼吸、共命运的整体意识,从而形成一个心情舒畅而又具有强大战斗力的集体。

4. 激励功能

心理学的研究证明,人一旦认识到自己行为的价值和意义就会产生强大的精神动力。基于这一基本规律我们可以从以下两个方面激发旅游文化的激励作用。

(1)旅游企业坚持以人文本,上级与下级、下级与下级之间应该建立起相互信任、相互关心的朋友关系,特别是上级对下级的关心,会让员工充满被尊重的感觉,这会增强他们对所从事工作的认同感,激发他们的工热情。

(2)共同的价值观可以让每个员工都感觉到自己是在为自己的理想而奋斗,这会激发他们内心对企业的认同,使他们感到自己工作的价值和意义。

5. 辐射功能

企业文化是塑造旅游企业优良形象的重要手段,一个旅游企业一旦形成强势企业文化,就会通过公共关系、业务关系、服务接触等渠道,向有关顾客、企业、部门、单位、社区、组织传递其优秀的文化精华,调适与他们之间的关系,赢得他们的信任,进而形成巨大的无形资产。

四、旅游企业文化的影响因素

(一)社会文化背景

任何企业都是存在于特定的社会环境中,是组成社会大集体的因子,企业文化也是整个社会文化的一部分,在很多方面是一脉相承的,它在很多方面必须与其所处的社会大环境相适应。社会上流行的价值观、道德取向都直接反映在组织文化的内容中,甚至可以说旅游企业的文化建设是社会大环境文化要素的一面镜子。

(二)业主、企业创业者和领导者的素质

业主、企业创业者或者现行的领导者个人素质对企业文化的形成具有相当重要的影响。业主、企业创业者的风格形成了相应的企业文化类型,这与其个人文化修养、审美情趣、思维理念都有着重要的关系,它能通过各种形式得以延续和流传。稳定的企业往往在一定程度上带有创业者的痕迹,而领导者会在经营过程中对既已形成的文化体系进行继承和延续,甚至将其进行发展和创新,使之产生长远的影响,因此,在这种继承和延续的过程中也体现出各个阶段领导者的风格。

(三)企业成员的素质

企业成员虽然是企业文化的受影响者,但反过来企业成员的素质状况也影响着企业文化的形成。企业成员的知识水平、文化素养、受教育程度等因素决定了其工作的自觉程度和对企业经营决策的热情和重视程度。这是形成企业文化的重要内容,因为没有企业员工的参与和执行,企业文化将会成为虚无缥缈的、没有任何意义的空头理论。

第二节　我国旅游企业文化价值体系的构建与管理

一、旅游企业文化价值体系构建

(一)文化价值体系构建的原则

1. 以人为本原则

人不仅是旅游企业的创造者,而且是旅游企业文化的丰富者。旅游企业是以人为主体的社会经济实体,人是旅游企业取之

不竭的最大能源,是旅游企业发展的最大动力。以人为本思想的出发点是关心和尊重人,考虑人的利益,这也正是服务性企业文化的本质内涵。旅游企业文化建设必须坚持以人为本的原则,主要体现在以下五方面。

(1)发挥人的价值。旅游产品的提供需要旅游企业员工、顾客以及其他相关人员的共同支持,旅游服务的过程就是企业价值、员工价值和顾客价值共同实现和发展的过程。

(2)开发人的潜能。对旅游企业员工的管理不是控制和监管,而是最大化地发挥他们的潜能。

(3)塑造高素质的员工队伍。这是旅游企业提供优质产品的基本保证,也是其获得成功的基础。

(4)团结人形成合力。这是旅游企业服务系统正常运营的重要保证。

(5)促成人的全面发展。在生产、消费与服务过程中实现人的全面发展,这是旅游企业的最终目标。

2. 系统全面原则

旅游企业文化在创立、成长的过程中,会存在一个庞杂的变量群与其发生作用。这些变量不仅包含企业外部的政治、经济、社会文化和技术,还有内部的员工、资金、物质设施设备、服务技能、经营管理以及旅游企业文化自身的历史、现实和未来。旅游企业文化就是在这些内变量和外变量、可控因素和不可控因素合力作用下实现的包括多个层次、多种功能和多种特性在内的网络文化体系。由此看来,塑造旅游企业文化应始终坚持系统全面的原则,才能建立起良好的服务文化,并使其健康运行。

3. 与时俱进原则

文化具有继承性和累积性的特点,一个国家在长期的发展过程中逐步形成的传统民族文化,具有强大的渗透力。旅游企业文化应植根于民族文化传统这片沃土之中,这使得企业的价值观念、行为准则、道德规范等无不打上民族文化的烙印。也正因如此，旅游企业文化具有一定的民族性、传承性，具有民族特色。但是，它又不能只局限于此，必须要随着社会、经济、政治和科学技术的发展而发展，汲取现代企业发展的先进思想与观念，以适应现代企业发展之需。也就是说，旅游企业文化建设要遵从传统性与时代性相结合的原则。

4. 品质文化原则

即强调旅游服务的质量。服务质量是旅游企业的生命，持续稳定的优质服务，是维系旅游企业信誉和品牌的根本保证。服务的使用价值是旅游企业文化的物质基础，注重服务品质是塑造旅游企业文化的基础。关于服务质量，最重要的应该是服务过程，即过程质量。很显然，顾客与服务提供者之间存在一系列的互动关系，服务结果传递给顾客的方式，对顾客的感知起着很重要的作用。在服务过程中，应对决定服务质量的五个因素（有形性、可靠性、响应性、真实性和移情性）均做到精心和细腻，体现出高质量和高品位，从而在旅游企业中营造一种服务结果与过程并重的氛围，形成高品质的旅游企业文化。实际上，服务是一个创造价值的过程，每一个细节都不容忽视。服务结果与过程并重，体现了"品质文化"原则和一种真正的服务导向性企业文化的内在要求。

(二)文化价值体系构建的内容

1. 物质文化建设

在旅游企业中，企业的物质文化建设主要涉及企业建筑设施与装饰、企业形象识别、工作生活环境等几个方面。

(1)企业建筑设施与装饰

旅游企业所在的建筑不仅是企业经营管理活动的场所，更是企业的象征，它作为企业最大的物质实体，展示着相关企业的性质特征和文化特色。这些建筑除了要满足功能需求外,在很大程度上可以给参观者造成强烈的视觉冲击,无论是其外观造型,还是外围环境的绿化和美化,以及与周围环境的协调配合,甚至室内环境的布置与装饰、灯光的安排、色彩的应用,所有的空间形象塑造都透射出企业文化的特征,传达出企业理念的环境意味。北京昆仑饭店大堂中"横空出世,莽昆仑"大型壁毯展现了这家豪华大型饭店的雄浑气势与文化品位;而一家一星级的饭店餐厅用具有当地文化特色的传统彩绘手扎风筝作为壁饰,也显示出自然质朴的文化风格,与当地的饮食文化特色极为协调,同样创造了良好的环境情感氛围。

(2)企业形象识别

旅游企业名称作为形象识别的重要部分,它也是旅游企业物质文化建设的内容。旅游企业特别是涉外旅游企业名称应给人以现代感,也要考虑国际的通用性,不仅要考虑本国语言的发音,还要顾及国际通用语言翻译的含义与发音。陈旧、过时的企业名称会影响企业的形象,在这种情况下则应使名称年轻化或更新。当然久负盛名的老字号则不能轻易改名,以免丧失或损坏名称所包含的多年积累的无形资产的价值。

企业标志也可以传达企业的文化理念。原则上讲,企业标志的设计要求新颖独特、易于识别、寓意准确、名实相符、简洁鲜明、通俗易记、造型优美。在我国,旅游企业的标志通常是利用企业名称的每个汉字的韵母按照显示美的法则进行组合设计,从而表达出一定的象征意义。例如北京饭店原用"BH"构图,失于平淡流俗,后以"北京"两字构成天坛祈年殿作为店徽,既有文化特色,又显示美感;再如假日酒店公司对其标志和招牌在 20 世纪 80 年代进行了重新设计,背景将五颜六色改为一种蓝色,更显鲜艳明亮,手写标准字更易辨认,去掉闪光的五角和箭头,使用风车形状的图案代替。

(3)工作生活环境

旅游企业是服务型企业,除了要为顾客提供良好的产品服务外,是否能提供具有一定文化品位的环境设施也显得至关重要。现代饭店愈来愈趋向豪华富丽,但又不失浓浓的文化品位。广州白天鹅宾馆处于一片生机盎然的绿化带中,高大的饭店建筑主体与周围环境和谐搭配,尽显高档饭店的尊贵,也不失南国风格;在饭店大厅,绿色盆景错落有致,一股清水蜿蜒流过,犹如一条涓涓溪流,但又丝毫看不出人工雕凿的痕迹,置身其中,仿佛是到了人间仙境。这种环境设计更多的是体现出中国传统文化中人与自然和谐共处的文化理念,也透射出企业主人的一种文化追求和信仰。虽然这样的环境主要是为了向顾客提供,但工作、生活在这里的饭店员工自然也会获得一种心旷神怡的享受,在无形之中就与饭店融成了一个整体。

近些年,我国的旅行社发展迅猛,国内旅行社以目不暇接的速度诞生在各个角落,国际旅行社的数量也在稳健地攀升。从企业经营和发展的角度看,领导者们无不在文化品位上动足脑筋,为了营造一种宽松、和谐的工作氛围,越来越多的旅行社设置成一种开放式的工作环境,除了营造畅通的沟通渠道外,还让全体人员建立一种平等和谐的文化氛围。

2. 行为文化建设

(1)企业行为文化的内容

企业行为文化是指企业员工在生产经营、学习娱乐中产生的活动文化,它包括企业经营、教育宣传、人际关系活动、文娱体育活动中产生的文化现象。它是企业经营作风、精神风貌、人际关系的动态体系,也是企业精神、企业价值观的折射。

(2)服务是旅游企业行为文化的重要形式

旅游企业是向顾客提供服务的企业,企业的经营活动全部体现在为顾客提供服务的过程当中。旅游企业产品的不可分离性、不可转移性和不可贮存性决定了旅游企业物质产品的特殊性;旅游企业所进行的物质生产更多的是一种服务生产。产品的竞争首先是质量的竞争,质量是企业的生命,持续稳定的优质产品,是维系企业信誉和品牌的根本保证。因此,对于旅游企业来说,其品牌就来自于服务质量的优质程度。假日宾馆集团的"一切为顾客着想,质优价廉",希尔顿的"高效、诚实、守信、承担责任",地中海管理集团的"娴熟的技巧、开朗的性格、面向世界"等服务理念无不是通过具体的服务行为体现出来。

3. 制度文化建设

(1)旅游企业制度文化建设的范围和内容

旅游企业和其他所有企业一样,其制度文化主要包括企业领导体制、企业组织机构和企业管理制度三个方面。企业领导体制的产生、发展、变化,是企业生产发展的必然结果,也是文化进步的产物;企业组织机构,是企业文化的载体;企业管理制度是企业在市场经营管理时所制定的、起规范保证作用的各项规定或条例。在旅游企业中,典型的企业领导体制就是总经理负责制,总经理是企业经营过程的最后决策者,企业所建立的管理机构和体系都是为企业的经营发展服务,企业的发展也是企业文化的发展,是在文化积累下的一种发展。因此,不同时期、不同类型的企业领导体制反映着不同的企业文化。

(2)旅游企业制度文化的表现形式

在旅游企业,制度文化是企业为实现自身目标对员工的行为给予一定限制的文化,它具有共性和强有力的行为规范的要求,其最终的归宿是保证向顾客提供优质的旅游服务产品。向游客提供满意的服务是旅游企业的生命力,要全面提高服务质量,就需要旅游企业全体员工要有普遍、明确、自觉的服务意识,也就是说,旅游企业制度文化建设的表现形式为培养、提高员工为客服务的意识和水平。

4. 精神文化建设

(1)企业精神

企业精神是企业全体或多数员工共同一致、彼此共鸣的内心态度、意志状况和思想境界，它是构成企业文化的基石。企业精神源于企业生产经营的实践之中，随着这种实践的发展，企业逐渐提炼出带有经典意义的指导企业运作的哲学思想，成为企业家倡导并加以决策和组织实施等手段所强化的主导意识。企业精神集中反映了企业家的事业追求、主攻方向以及调动员工积极性的基本指导思想。企业精神常常以各种形式在企业组织过程中得到全方位、强有力的贯彻，在旅游企业中，它通常通过店（社）歌、企业徽记等形式表现出来。

（2）企业经营哲学

企业经营哲学是指企业在经营管理过程中提升的世界观和方法论，是企业在处理人与人（雇主与雇员、管理者与被管理者、消费者与生产者）、企业利益与员工利益、企业利益与社会利益、当前利益与长远利益等关系上形成的意识形态和文化现象。

（3）企业价值观

所谓企业价值观，是指企业在长期的经营管理实践中，形成的为全体职工认同的价值取向，是企业处理各种关系时遵循的最基本的价值观念和行为准则以及企业经营所追求的目标，是企业对自身存在和发展的意义、对企业经营目的以及对企业员工和宾客的态度等问题的基本观点，也是评判企业在追求成功过程中所推崇的基本信念和奉行的目标，是企业全体或多数员工一直赞同的关于企业意义的终极判断。企业价值观是企业文化的核心，是现代企业管理的核心原则，它决定着企业管理模式及其相关的方方面面。

（三）文化价值体系构建的方法

1. 塑造企业模范人物

在旅游企业中，不管是高层管理人士，还是基层的服务人员，都有可能成为模范人物，他们是广大员工一致认同和效仿的对象，是企业文化的楷模。其共同特点是，他们是企业价值观的化身和组织力量的集中表现。模范人物的文化作用具体体现在：

(1)榜样作用。旅游企业的模范人物是企业文化的人格化代表,他们的思想言行可以形成巨大的心理刺激,使其他员工由敬佩、爱戴到模仿,从而实现企业文化的认同和实践。

(2)凝聚作用。模范人物产生于群众之中,其思想、信念、追求和行为产生于具体的企业环境,易于为其他员工所认同,吸引周围的员工,增强企业凝聚力。

(3)舆论导向作用。模范人物能控制舆论导向,引导员工的言行,强化企业的价值观。

(4)调和作用。模范人物凭借自身在企业中的地位和声望,在解决企业内部各种矛盾、冲突时起调和作用,有利于保持企业内部的稳定性。

2. 创建企业礼仪文化

旅游企业和其他企业一样,有一定的礼仪活动。旅游企业各类活动仪式是企业价值观的外显形式,通过各种礼仪活动,企业价值观体系变得通俗易懂,容易被广大员工理解和接受。其主要形式有三种。

(1)工作性仪式,是指发生在旅游企业日常经营活动中的常规性仪式,如例会、表彰会、培训会等,能有效强化人们的工作动机。

(2)纪念性礼仪,指那些对旅游企业具有重要纪念意义的活动,如旅游企业庆典仪式、饭店挂星等活动,员工通过此类活动会产生对企业的自豪感、归属感,增进与企业的感情。

(3)生活惯常礼仪,指工作之余企业开展的与员工生活直接相关的各种活动,如各种文体活动、联谊会、欢迎(送)会等,这有助于增进员工之间的感情和友谊,协调企业内部的人际关系。

总的来说,旅游企业举行的各种仪式要有明确的指导思想,把价值观融合到具体的活动中去;要引导员工积极参加,取得员工的支持；要精心设计、认真组织，制造良好的气氛，办出特色；要保持稳定性和持续性。

3. 构筑内部沟通网络

旅游企业文化的塑造过程实质上是新的价值观在员工中传播和一体化的过程，这需要企业内部群体的沟通。沟通的形式有企业通过制度规定的正式信息传播渠道和员工内部的非正式信息传播网络。由于企业内部信息沟通主要依靠非正式沟通网络，因此旅游企业文化塑造要充分利用非正式沟通网络。具体做法：首先，要明确认识到非正式沟通网络对塑造旅游企业文化的重要价值；其次，要加强与员工的交流，随时掌握非正式沟通网络的详细信息；最后，要通过恰当的方法影响或培育非正式沟通网络，使它成为传播旅游企业文化的工具。

4. 营造企业文化氛围

营造旅游企业文化氛围，就是通过营造良好的氛围，使员工感受到企业的整体精神追求，进而产生思想升华和价值认同。旅游企业文化氛围主要包括物质氛围、制度氛围和感情氛围三个方面的内容。物质氛围是旅游企业通过物质要素及其组合产生的格调和情趣；制度氛围是企业员工对企业的各项政策、制度、规定的态度和情绪；感情氛围是通过员工的交往所表现出来的气氛和态度。在旅游企业文化氛围的构成中，感情氛围是核心，它集中体现了旅游企业文化的内涵。营造良好的感情氛围需要加强员工间的相互沟通，使他们相互尊重与信任，能在和谐、愉快的环境中工作，这些又恰恰体现了以人为本的思想。

5. 进行CIS建设

企业形象识别战略（Corporate Identity Strategy，简称CIS），也叫企业差别化战略，是随着企业市场竞争日益激烈而逐渐发展起来的以设计和塑造良好企业形象为目的的一种新的经营思想和策略。它是通过企业识别系统(Mind Identity,简称 MI;Behavior Identity,简称 BI;Visual Identity,简称 VI)的运作,把企业的各种信息传递给企业员工、社会公众、机关团体和新闻媒体等,以塑造良好的企业形象,赢得消费者的信赖与肯定,达到扩大产品销售的目的,从而为企业带来更大的经济效益和社会效益。为此,旅游企业文化可通过企业识别系统 MI、BI、VI 三个方面来进行系统建设,从而形成独特的企业文化。

二、旅游企业文化管理

文化管理是一种以人为中心的管理,其中涉及情感管理、民主管理、自主管理、人才管理。

(一)情感管理

情感管理是通过情感的双向交流和沟通实现有效的管理。例如,"走动式管理"就是鼓励企业管理人员走出办公室,深入现场,与各层次、各类型人员接触、交谈,加强感情沟通,融洽关系,了解问题,征求意见,贯彻实施企业的战略意图。这是避免"官僚主义"滋生的有效途径。在现代饭店管理过程中,愈来愈多的高级管理人员不在以听取汇报、动则发号施令作为工作模式,而是亲躬服务第一线,拉近与员工的距离,了解真正可靠的第一手信息。如果一位总经理每天早上准时从一楼服务台开始,通过通道逐步走向最顶层,并在每一层都向早班服务人员问候并了解其工作和生活情况,这不仅可以促使每个员工提高工作积极性,更为主要的是,他们觉得受到了尊重,在情感上与企业高层是相通的。

也就是说,情感管理是注重人的内心世界,根据情感的可塑性、倾向性和稳定性等特性进行管理,其核心是激发员工的积极性,消除员工的消极情绪。

(二)民主管理

民主管理不是挂在口头上的辞令,而应确确实实体现在日常工作之中。企业主管应多听少谈,应鼓励部下反映来自下面的意见。

　　简单地说,民主管理就是让员工参与到企业的管理与决策工作之中。无论职位的高低,每个人都有自己理想与自尊,作为企业的一员,如果领导在决策时不让他们参与进来,会降低员工在企业中的存在感,使他们感到被排斥和可有可无,一旦这种情绪开始出现和蔓延,会对旅游企业的正常运作与发展造成致命的影响;如果企业的领导者在决策时充分尊重员工的价值和他们的意见,会大大提高他们的企业认同感,提高工作的积极性。民主管理的基本要求是管理者拥有出色的判断力和决策力,能够通过集思广益获得管理和决策的灵感,在激烈的市场竞争中做出正确的选择。

　　旅游企业的产品由处于第一线的服务人员的服务行为直接体现。企业产品的质量优劣高低的信息自然就来自于对客服务的第一现场,企业在制定有关政策和决定时,如果从实事求是的角度,就应该听取广大一般员工的想法和意见,这才有利于完善企业的产品质量,让企业步入健康有序的发展道路。

(三)自主管理

　　自主管理是一种新型的企业管理方式,它强调员工在企业管理中的作用,主张通过全体人员的智慧和力量对企业进行管理。自主管理的核心内容是,依据企业目标做出工作计划和工作标准,员工在二者的引导下,自主控制计划、安排工作。自主管理是一种高端的管理方式,对员工的个人素质与执行力有着比较严格的要求,要根据具体情况合理利用。

　　自主管理的根本点在于对人要有正确的看法,因为经营是靠人来进行的,身负重任的经营者是人,员工也是人,顾客以及关系户也都是人。可以说,经营就是人们相互依存地为人类的幸福而进行的活动,正确的经营理念必须立足于对人的正确的看法之上。对企业的每一个人都给以绝对的信任,充分发挥其自主能动性,往往会产生意想不到的效果。在饭店服务中,常常要求服务员提供个性化的服务,在这一过程中,企业员工便会秉着为企业、为顾客、为自己负责的态度努力做好工作。

(四)人才管理

善于发现人才、培养人才和合理使用人才是企业人力资源管理和开发的核心内容。企业为员工提供学习和提高的机会,这是爱惜人才的表现。我们知道当今的竞争实质上是人才的竞争,企业想发展必须要大力提高员工素质,招揽高素质员工。企业在对人才进行使用的过程中,要根据人才的特点科学为他们安排岗位和工作,充分发挥他们的特长,做到人尽其才。

旅游企业人才更多表现为人的创造性,对其管理则要体现一种爱惜人才的胸怀。如果一旦出现员工流失、骨干被人"挖墙脚"的现象,则说明企业在人才管理上存在问题,其没有为员工提供宽松、和谐、向上的环境,也就是说,他们没有得到应有的尊重和重视。

就企业文化管理的核心而言,它也是为了使员工有一种归属感,它是企业的主人,这就好像父母对自己孩子的文化灌输。企业将管理理念和价值观通过管理经营活动向员工进行传递,进而使之接受,这样企业便会具有更强的凝聚力和发展潜力。

第三节 中外旅游企业文化对比

一、美国旅游企业文化特征研究

作为世界经济大国的美国十分重视旅游企业文化的建设,这也是其经济迅速发展的重要原因之一。美国的旅游企业文化概括起来具有以下几点特征。

(一)强调自我价值的实现

美国崇尚个人主义,追求以个人为本位的民主、自由、平等和博爱等个人权利,强调个人价值的实现、自我成就的取得和个性特征的发挥。美国旅游企业文化中培植了不怕风险失败、勇往直前的开拓进取精神,提倡尊重员工、崇尚个人自由、追求个人发展的精神,鼓励自我价值的实现,所以在旅游企业的管理运作中特别突出强调员工个人能力的发挥和对员工的激励,提供员工自我发展的空间和舞台,以激发员工的责任感、使命感和成就感。

(二)提倡接近顾客和市场

美国实行的是市场经济,提倡以市场为基础,以经济利益为目标,以消费者需求为导向,以提高效率为准则。

成功的美国旅游企业都非常重视对消费者市场的跟踪与调查,随时把握消费者的需求变动,以市场为导向的、切合实际地随形势变化而改进自己的产品与服务,调整企业计划和战略以满足顾客需求,赢得更多客户,获取更大的经济利益;美国旅游企业还尤其尊重顾客,对客户充分负责,在产品质量和对客服务上严格把关,并做好售后服务,为顾客提供附加利益,与顾客建立长久的客户关系,以培养顾客对品牌的忠诚感。

(三)提倡竞争和献身

竞争出效益,竞争出成就,竞争出人才。在美国,各个旅游企业均不惜成本,在遵循市场价值规律的前提下保持自己在激烈市场竞争中的领先地位。美国旅游企业十分重视为员工营造公平竞争的环境、制定公平竞争的规则和组织有益的竞争活动,以激励参与竞争的各方更加努力地工作,充分调动员工的工作积极性,发挥他们的才能。事实上,强调内部的竞争是旅游企业的内部开放,追求外部的竞争是旅游企业的对外开放,开放的最终目的是提高旅游企业的企业效率。实践证明,美国这种以公司价值导向为先,结合员工实际需要,不断激励员工竞争意识的方法是成功的。

(四)提倡创新和开放

追求创新是美国旅游企业文化的核心之一。许多美国旅游企业都不断创造一种环境、一种文化,使更多的员工感到不满足,树立更高的个人目标,不断挑战自我,追求卓越和创新。许多美国旅游企业都用不断创新来保持自己的竞争优势和持续发展。创新的含义很广,包括旅游产品的创新、开发新的市场、提供特殊的服务、采取新颖的市场营销策略、独特的人力资源管理政策等。

(五)提倡物质追求与实用主义

美国旅游企业崇尚对物质的追求,始终将企业利润放在第一位,旅游企业各个部门组织和进行的一切经营和管理活动都是围绕这一目标而展开;同时,美国旅游企业强调实用主义,重视员工的参与性,创造一种合作文化,提倡员工参与到企业的决策和管理工作中,让员工参与合作解决问题,这样意味着给予员工参与经营管理的权利,提高了他们的身份、地位和安全感。例如"旅店帝国"的希尔顿公司,将一部分股份作为工资或福利分给职工,让职工共享公司成果,提高了员工对企业的忠诚度。

(六)强调民主和公正

美国旅游企业的管理讲效率、重科学,依赖制度法律、数理方法和奖金刺激等。美国旅游企业一般非常重视信息的保密,员工的薪酬均是严格保密的,其动机在于引导员工眼光向前,视其创造的价值、本身具有的技能与素质来定酬,而做到这一切的前提是民主和公正,更深层次分析就是员工对企业文化的认同和信赖。同时,美国旅游企业也重视企业制度和法律的建设,加强对旅游企业的社会监督,以法律形式对员工行为和管理工作加以约束,以防范和阻止错误的发生。

(七)提供职业发展空间

旅游企业的竞争是残酷的,美国旅游企业特别强调员工的能力和素质,许多旅游企业在人员招聘时就提出较高的文化门槛,例如:(1)杰出的思考和解决问题的能力;(2)良好的同各层次人士沟通、交往的能力;(3)创新的精神;(4)远大的志向和坚韧的毅力。

美国的历史使美国人民带有个人能力主义及流动性和变动性的特点。美国旅游企业的职业发展空间良好,鼓励员工各施其才,只要你有能力并让公司注意到,从普通职员迅速升到高层经理也是有可能的,因此企业员工表现出较高的流动性,员工可以在公司的部门之间频繁转换,直到找到最能发挥自己能力空间的岗位,否则就会被企业淘汰掉。

二、日本旅游企业文化特征研究

根据美国《福布斯》杂志于 1984 年 7 月所发表的企业排名,世界上最强大的 200 家企业中,日本的企业占 61 家,另外,美国《财富》杂志于 1984 年 8 月公布,世界上最强大的 500 家企业中日本企业占 146 个。现在,日本在世界经济中的地位如此重要,与其企业文化密切相关,其主要特征表现在以下几个方面。

(一)提倡团队精神和群体意识

日本的旅游企业更像是一个大家庭,每个员工都是这个家庭中的一员。日本的这种家庭式的管理模式具有较高的团队精神和群体意识,其管理的中心和主要对象是集团而不是个人。日本的旅游企业文化是大家团结一心、同心协力、同舟共济地实现企业目标的全程,它与西方国家倡导的个人主义完全不同,日本旅游企业认为个人价值只有融于团队价值之中,才会体现出来;团队精神和群体意识是所有成员个人价值的高度集中。一般来讲,日本旅游企业文化的核心,主要表现在对企业集体的强烈归属感、对群体事业的强大责任感和对工作孜孜不倦的敬业精神等。

(二)强调"和"的观念

"和"的观念是日本旅游企业文化的主要内容之一,其内涵是指爱人、仁慈、和谐、互助、团结、合作、忍让等中国儒家思想,它是日本高效能团队精神的基础。"和"最初起源于中国儒家伦理,在日本对其进行了发展。在"和"的观念的指引下,日本企业实行的自主管理和全员管理,致力于理想的工作环境的营造,倡导人与人之间的上下沟通、集体决策和共同负责,注重员工潜能的良好发挥,帮助员工找到人生的归宿,这些都与"和"的观念密不可分。

(三)提倡"礼"制仪式

日本是一个礼仪之邦,在日语中,对自己的长辈或地位高的人都要使用敬语或自谦语,这些在日本旅游企业中也有明显的"礼"制体现。大多数日本企业早上都举行员工的朝夕礼。每当早晨上班铃声响起,员工都站立在自己的位置上,在轮流值日员的带领下大家大声齐诵社训内容,其中,最后一句都是:"为今天的工作加油。"这样的仪式虽然看起来简单,但可以使员工振奋精神,从一天开始的时候就能努力地投入工作,增强员工的共同价值观和营造团结和睦的团队精神。

(四)强调"诚"信务实,按章办事

日本江户时代后期以来,以"诚"为中心的伦理思想成为社会行为的主流,这种思想为日本企业的发展带来了巨大的推动力。日本旅游企业提倡"诚"文化,建立"诚信"规范和管理机制,这也培养了企业员工的务实精神,即他们不喜欢形而上学、思辨的思考,而倾向于事实、现象、经验、实证的思维方式,形成了员工诚实、敬业、不断进取的坚韧性格。

(五)强调"忠"的观念,实行终身雇佣制度

日本旅游企业强调员工对企业的忠诚,强调员工之间的合作,把旅游企业视为所有成员的共同体,第二次世界大战后,终身雇佣制在日本全面推广,并一直沿用下来。目前,终身雇佣制贯穿了日本员工的生活和工作,它可以增加员工对企业的归属感和忠诚感,稳定了员工队伍,有利于培养员工的集体主义精神,同时,迫使企业不断改善经营和管理,以解决随技术的进步而导致的人力过剩的问题,提高了企业的生产率。日本旅游企业普遍实行终身雇佣制和年功制,也强化了员工对企业的归属感。

(六)强调"优"患意识、敬业精神和创"新"改革

日本经历的神奈川条约、明治维新和第二次世界大战以及其特殊的地理环境造成日本民族具有强烈的生存危机感和忧患意识。日本企业也秉承了这种危机忧患意识的民族心理,它们无时无刻不在关注旅游企业的一切变化,一旦出现问题和危机,企业就努力采取措施,化危机为转机,使自己立于不败之地。

三、我国旅游企业文化建设举措

(一)旅游企业文化建设的向导——企业使命

旅游企业使命实质是旅游企业的长远目标,关系到旅游企业的全局性、根本性和方向性的问题。我国旅游企业在进行企业文化建设时应注意以下几点。

(1)进行入职培训教育。要进入旅游企业的员工首先郑重其事地诵读并背诵企业使命、企业宗旨、企业精神,参观企业的文化成果等,这对企业形成良好的风气是大有益处的。

（2）接受管理人员指导。每个员工身上都具有独特的优秀素质，需要管理人员的发掘，并给予适当的指导和教诲。

（3）开展文化交流活动。旅游企业应定期举行交流学习会，鼓励员工互相交流、互相激励、互相学习、互相启发。

（4）制作宣传小册子。将旅游企业的宗旨、使命、精神和文化等内容列进宣传小册子，让员工反复诵读和领会，这是让每位员工都能从中受到启发、受到教育、得到鞭策的有效手段。

（5）举行重大庆典仪式。当企业获得某项成功时，举行隆重的庆典仪式有利于发扬企业精神，调动员工积极性，统一员工的意志和步伐。

（6）做好自我超越修炼。把旅游企业文化教育与员工的自我学习、自我修炼结合起来，使成员更好地认识自己与企业的关系，把个人的成长与旅游企业的发展融合起来，进一步明确奋斗的方向和目标，从而推动旅游企业文化的建设落到实处。

（二）旅游企业文化建设的灵魂——团队精神

马克思曾说过："人首先是社会的"，人具有社会属性，团队精神就是人的社会属性在当今企业中的重要体现。团队精神实质上是人与人之间合作的精神和能力。

在我国的旅游企业文化的团队精神建设中，应注意以下四个方面的配合。

1. 建立一个强有力的领导集体

旅游企业团队精神并不是自生自长的，需要一个坚强有力的领导集体来进行正确的引导、合理组织、有效培养和适度协调，将企业中形色各异的个体有机地糅合在一起，提高整体实力。

2. 建立一套协作性的管理机制

制定一套完善的、能有效地理顺企业各个部门间以及员工之间协作关系的管理制度是培养旅游企业团队精神所必需的。我国旅游企业应努力在机构设置和制度确立上不断调查研究,根据实际情况对机构和制度进行整合并做出适度改进,以有利于各部门间工作的整体协调和员工的合作。

3. 树立一个高标准的发展目标

在有效的领导和协调的组织下,要培养和发扬旅游企业的团队精神,旅游企业还必须树立一个高标准的发展目标。高标准的发展目标要能有效地号召、激励、团结和引导企业全员一条心为实现这一目标而共同努力奋斗,从而增强企业的凝聚力,形成和发扬企业的团队精神。

4. 做好一系列企务公开、民主监督工作

旅游企业团队精神的建设要求在企业内营造一种"透明、双向、宽松、和谐、融洽"的企业氛围,将旅游企业的经营状况、管理情况、运行状态以一定形式向员工公开,加大员工民主监督的作用,使员工从思想和心理上对企业产生强烈的认可感和归宿感,最大限度地调动员工工作的积极性。

(三)旅游企业文化建设的关键——形象塑造

良好的旅游企业形象一旦形成,就成为旅游企业的无价之宝,不仅会产生巨大的社会效益,还会产生巨大的经济效益。旅游企业形象的传播离不开一定的载体,常见的有以下几种。

1. 机构载体

这些机构主要包括厂容厂貌、办公场所、办公用品、厂标厂徽、印刷字体、商标、广告与宣传、产品与包装、展览与展示以及员工的着装、仪表、态度和行为等,通过这些载体,传达了企业名称、商标、菜单、企业环境等最外露、最直观的表层现象,若将企业文化融入其中,可以让消费者迅速了解到企业的行业特色和经营特色,了解本旅游企业的竞争优势。

2.行为载体

旅游企业行为的范围较广,主要包括员工的服务行为、生产行为、经营行为、管理行为、营销行为、公关行为等,通过这些行为所展示的是旅游企业的市场定位、员工素质、经营特色、管理战略和社会形象等。

3.成果载体

旅游企业主要是以产品或劳务为社会提供服务的,所以旅游企业的主要成果就是产品和服务,其直接代表了企业的产品形象和服务形象。

(四)旅游企业文化建设的保障——道德法律

旅游企业作为法人,是由自然人组成而又应该超越自然人,其应该具有更强的组织理性和道德规范,将企业的使命、哲学、要求、规则、责任以制度的形式确认下来,并融入消费者的需求、员工的愿望、竞争对手的优势信息。企业文化的精神形式对旅游企业来讲是一笔重要的无形资产,这笔无形资产不仅存在于企业领导和员工的意识中,还存在于企业的物质环境及有形的规章制度和法规之中。旅游企业制度建设时应把握以下几个要点。

1.明确企业使命

每一个旅游企业都有其特殊的使命和宗旨,旅游企业所有经营、管理、营销的规章制度必须紧紧围绕企业的使命去编制、宣传、执行、维护,与企业使命和目标相违背的制度都应该是无效的。

2.成立编制部门

对于规章制度的编制工作,企业应成立专门部门,以确保各项制度的编制都建立在旅游企业全体员工的立场上,而并非从某个部门出发。

3. 编制制度文件

旅游企业制度最终应该是以文件的形式予以确定,并保持稳定。在制度文件编写的时候,必须从旅游企业整体利益的考虑出发,制度的建立必须具有可操作性。

4. 注意制度的宣传

制度编制后,编制部门应对旅游企业员工进行制度宣传和沟通,了解员工对制度的理解和心态,帮助员工树立正确积极的态度,从意识上遵守制度和规则,避免违背规则的不良行为的发生。

5. 企业制度的实施

在制度实施过程中,企业应加强对各项制度的维护,随时监督企业制度的执行情况,矫正不规范的行为,并根据情况做出修正,以保证制度的有效性和适宜性。

(五)旅游企业文化建设的动力——全员管理

旅游企业文化建设是一项长期的战略管理过程,它不仅依靠优秀的企业家,还需要员工的积极配合和参与,是一种全员性的管理工作。把握企业文化建设的动力,实行全员管理,应该做到以下两点。

1. 发挥领导者的主导作用

旅游企业领导是企业开展生产经营、对内实施管理细则、对外参与市场竞争的领袖人物,也是进行企业文化建设的领导人物,在企业文化的孕育、发展和成熟过程中扮演着十分关键的角色。从这个角度出发,人们常常认为企业文化就是企业的企业家文化。因此,在企业文化建设过程当中,企业家应发挥领导者的主导作用,领导和推动企业文化的建设。

我们也要注意到,企业家不是万能的,在某些情况下,我们要加强对企业家的培训。企业家培训能够提高管理者个人的绩效,使其实现自我能力和职位的提升,帮助他们顺利传达企业文化和管理员工,也能够提升特定的领导力,在特别时期帮助其克服危机。

2. 激发员工的主体意识

成功的旅游企业文化建设,不仅是一个自上而下的过程,同时也应该有一个自下而上的过程。旅游企业文化不只是领导者的文化,它应该渗透到旅游企业的各个层面,得到各级员工的广泛参与和认同。旅游企业文化最终要通过企业中每个员工的一言一行体现出来,没有员工的广泛参与,旅游企业文化就失去了最有效的载体。事实上,旅游企业员工积极参与文化建设的过程,同时也是接受企业文化熏陶的过程,是旅游企业文化的宣传过程,是增加员工对企业文化的认同感、责任感、忠诚度和凝聚力的有效手段。

第四节　跨文化旅游企业管理

一、旅游企业跨文化管理的基础

(一)客观认识与对待文化差异

承认并理解差异的客观存在,克服狭隘主义的思想,重视他国语言、文化、经济、法律等的学习和了解。当跨国旅游企业的管理人员到具有不同文化的东道国工作时,往往会遇到很多困难。

这无疑反映了特有文化的语言、价值观念、思维形式等因素在跨文化管理中会形成障碍、产生矛盾,从而影响跨国经营战略的实施。理解文化差异是发展跨文化管理能力的必要条件。因管理风格、方法或技能的不同而产生的冲突可以通过互相学习来克服,而且比较容易改变并取得良好的促进机制,获得一种取长补短的效果,从而让既有的管理体系得以最大限度地贯彻和执行;因生活习惯和方式不同而产生的冲突也可以通过文化交流来解决,但一般来说这需要较长的时间,在一种互相理解和尊重的基础上这些冲突便能够得到友好共存。只有把握不同类型的文化差异才能有针对性地提出解决文化冲突的办法。

(二)善于利用和转化文化差异

把文化差异看成是一种优势而不只是一种劣势,恰当、充分地利用不同文化所表现的差异,为企业发展创造契机。任何事物都有两面性。文化也是一把"双刃剑",其给企业开展国际运营带来了机遇,但更多的是巨大的挑战。随着我国旅游市场的逐步开放,一些旅游大鳄凭着其雄厚的资本优势和国际影响力纷纷登陆中国,这对我国的众多旅游企业的生存和发展都带来不同程度的冲击,当然在一定程度上也是一种促进力量。旅游企业在与海外企业进行合作的时候,尽管可能会发生意见的碰撞,但这种不同思想的碰撞会产生新的想法,我们的企业经营者可以从对方的不同意见中获取其积极的思想观念和经营理念。因此,正确对待文化的矛盾和冲突,不仅不会形成障碍,反而会是企业发展的动力,企业创新的源泉。

(三)以人为本,全员跨文化管理

1. 跨文化管理的客体是人

跨文化管理的目的就是要使不同的文化进行融合,形成一种包容并举的新型的文化,而这种新型的文化只有根植于企业所有成员之中,通过企业成员的思想、价值观、行为才能体现出来,才能真正实现跨文化管理的目的,否则跨文化管理就会流于形式。

2. 实施跨文化管理的主体也是人

由于跨国旅游企业成功的经营理念造就了其大量的优秀的经营管理人员,这些企业在实施跨国经营战略时,往往会派出一些高级管理人员,这样母公司的企业文化便通过这些经营管理人员转移到了国外子公司。在我国内地的合资旅游企业中,管理高层往往都有外方人员,他们除了要承担经营管理的职责外,还要担任跨文化管理的重要职责,让新型文化真正在管理中发挥其作用,促进跨国公司在竞争中处于优势地位。

二、文化差异对旅游企业管理的影响

(一)文化差异对旅游企业管理的消极影响

1. 管理变得更为复杂

文化的差异使得旅游企业的经营和管理变得更加难以把握,因为文化的差异会造成很多工作细节上的差异和冲突。在文化差异存在的前提下,跨国旅游企业的成员来自不同国家和地区,他们有着不同的文化背景,其价值观念、个人信仰以及文化传统,决定了他们的工作态度和追求的差异以及工作之中的行为表现。此外,不同文化背景下的员工相同的行为表现,实际上却有着很大的差异,比如在我国沉默通常被认为是反对的一种表现,而在很多的西方国家,沉默表示没有意见,是支持的体现,从中我们可以看出在跨文化管理中,一些细节处理充满了挑战。

此外,想要保证企业的管理措施使所有文化背景之下的员工都满意几乎是不可能完成的,因为不同文化造成的个人差异,很难通过人为的调整进行协调,这为跨国旅游企业的管理带来了严峻的挑战。此外,跨国旅游企业的员工之间由于价值观和个人信仰的差异,很容易因为某些细小环节的差异产生冲突和矛盾,这也是跨国旅游企业管理需要克服的一个难题。

2. 经营活动变得更为困难

由于文化间的差异,跨国旅游企业不同分部之间的交流存在一定的障碍,不仅仅是因为语言的差异,更是因为对问题的思考和理解方式的差异,这为跨国旅游经营带来了困难。

(1)文化差异对企业经营目标的影响

在不同的文化背景下,企业的管理者会有不同的想法和经营管理目标,这经常会导致跨国企业母公司与子公司之间的经营目标不同,造成经营管理的混乱。这主要是因为,投资者与东道国的企业管理人员对经营目标的认识存在差异,比如在企业管理中西方的管理者更加看重理论与数据资料,而在我国的企业管理中,管理者主要依靠自己的经验和个人能力,不会过多的统计管理数据;国外的管理者关心国内的经营者能够按照预期为母公司塑造良好的企业形象,而中方的管理者更加注重的是,能够吸引多少顾客,获取多少利润。

实际上,不仅在我国的跨国企业中存在管理问题,其他国家的跨国经营企业也存在类似的问题,甚至同一国家不同文化信仰地区的企业之间也经常出现管理和沟通的障碍。旅游跨国合作的双方由于文化背景的差异而造成的对企业经营和管理的认识差异,对跨国经营的进行会造成一定的阻碍。

(2)文化差异对企业经营观念的影响

事实上,无论是跨国经营活动还是跨国的项目合作,都经常会因为文化背景的差异导致组织内部文化多元性的出现,这对旅游企业的正常管理是一个严峻的挑战。美国、法国、英国等国的旅游企业通常会围绕市场和品牌营销来策划一系列的管理计划,对于员工在给予他们足够的发展空间的同时对他们的行为进行严格的管理;而在中国,企业重视的市场与新资源的开发,忽略了对品牌营销在企业发展中的重要作用,虽然国内的企业长期与外国的同类企业进行交流与合作,但是在作风上任然偏于保守和创新,大部分是照搬、照抄西方旅游企业的管理模式,但却没有领悟其中的精髓。

3. 影响企业的协调管理

协调是一门领导的艺术,但是文化背景的巨大差异使得协调工作做起来并不是那么容易。比如,美国文化提倡个人主义,认为个人的奋斗至高无上,个人的利益不可侵犯,因此企业在经营管理中必须为员工创造更多的福利和发展空间,并希望他们每个人都能管理与控制好自己的工作;日本讲究团队精神,因此日本的很多企业都是采用终身雇佣制,目的是稳定工作团队,为员工的工作创作一个稳定的环境,企业员工也就建立起了牢固的团队意识,企业的凝聚力得到了很好的加强,员工之间真诚合作、共同进步;我国管理思想受传统文化的影响较大,员工与员工之间的关系是建立在彼此信任的基础之上的,我国的管理工作注重员工精神层面的鼓励与教育,在员工出现矛盾时可以采用舒服教育以及谈话谈心等方式进行协调。

由于文化背景的差异,跨国旅游企业在实际管理当中要想照顾到每个国家的员工的个人习惯是一件很难的事情,管理者只能在充分了解不同文化观念员工的需求的基础上,最大限度的平衡员工之间的需求差异,否则可能因为一个细节的疏忽而造成不可预计的严重后果。

4. 影响决策模式

东西方文化的差异体现在跨国企业管理中的方方面面,而且在决策模式上也体现出了不同文化的烙印与痕迹。东方文化比较保守,以群体利益为出发点;西方文化激进,以个人为核心,对"自我"价值的认同和追求近乎狂热,因此有人决策于"直言不讳"式的管理。美国一般的职位不设置副职,重大决策全部由管理人员单独决定,员工在企业中也富有管理职责,他们拥有自己工作和所参与的工作领域大部分事物的决策权,并且美国企业鼓励员工勇于承担责任;但是在中国状况却完全不同,在群体文化至上的文化背景下,下级服从上级的安排与指挥,在决策中需要通过群体讨论得出结论,这样做固然可以增强决策全面性和科学性,但也很容易错过做出决策的最佳时机,造成市场时机的丧失。

文化观念的不同,使得旅游企业的跨国管理在管理模式与管理观念上容易产生冲突,这种经营的模式和观念渗透在企业管理工作的各个方面,作为跨国企业的管理者要做好不同文化观念员工的管理与协调工作,保证跨国企业各项工作的顺利进行。

(二)文化差异对跨国旅游企业经营管理的积极影响

尽管文化差异对跨国旅游企业经营管理活动会造成诸多的困扰与阻碍,但是没有证据显示文化差异必然会造成企业内部的重大冲突,相反如果跨国企业能够灵活的整合不同的文化观念,协调不同国家员工的工作,将激发出无穷的活力与创造力。美国《商业周刊》所称:"在文化方面,19世纪工业革命的一个重大意义就是把过去没有必要或没有机会相互联系的人们联系到一起,不同语言文化和价值都被国际企业的基本原理融合在一起,其结果是提高了生产力,增加了财富。"管理学家德鲁克也曾指出:"它(文化差异)应该使自己的跨文化性成为一种优势。"

任何一种文化以及从这种文化派生出来的管理观念和管理方式都有其独特的优点和缺点,不同文化差异带来的矛盾和冲突会贯穿于跨文化企业管理的整个过程。虽然文化冲突为跨国企业的管理带来了很多挑战,但是不同文化与思维的碰撞会激发企业创新的活力,为企业的发展提供更为宽广的道路,我们应该看到跨文化管理的优点。

1. 利用多元文化使企业产生新观点、新主意

跨国旅游企业的文化多样性使其能够从不同的角度对跨国旅游企业的经营和管理进行思考与分析，拓展企业发展的思路。按照创新的规律来看，对要创新的事物进行全面深刻的认识与解析是创新的基础前提，运用全新的方法和思维方式对其进行思考则是创新的主要途径。跨国企业之中的多元文化管理对跨国企业来说既是一种挑战，也是一种机遇，管理者要善于利用和把握不同思维方式给企业带来的创新优势，提高企业的竞争力。

2. 多元文化使跨国旅游企业具有了更多的选择

旅游过程本来就是一个寻找文化差异的过程。文化差异对人们的旅游消费需求欲望和旅游消费行为有着强烈的和广泛的影响，因为大部分旅游者都会对旅游目的地文化产生极大的兴趣，从而会尊重和遵循旅游目的地文化的道德规范和风俗习惯。因此，人们的旅游消费选择不仅以旅游产品的价值和效用为基础，而且更重要的是受制于旅游目的地的文化和价值观。

3. 使企业更易于在国际市场上获得发展

跨国企业的多元文化管理使企业的管理者更加深刻地认识到了管理的内涵和本质，对企业的生存和发展有了更加深刻的认识。这促使让他们在企业管理中能够站在更高的层面和角度看待企业发展的问题，为企业的国际发展和长远发展做出正确的判断和选择。这是因为跨国企业的管理者可以从组织内部的员工身上了解到不同文化背景下的消费者对旅游活动的需求和期望，这可以帮助管理者更好地进行市场决策，制定与企业国际化发展相对应的企业战略。此外，企业内部员工的多样性，使管理者能够更好地适应与不同文化背景的顾客的交流。

4. 最终使跨国旅游企业文化优势叠加

在跨国经营的初始阶段,跨国公司会因为文化差异产生一定的不适应情况,但经过这一磨合期之后,来自不同文化背景的管理人员开始发挥自己的优势,让企业员工的优缺点进行互补,发挥跨文化管理的优势。

第七章 旅游企业公共关系
管理与危机预警

公共关系管理在旅游企业的整体运行中具有至关重要的作用。如何对旅游企业进行公共关系管理,以及能否在危机出现时进行有效的危机预警是关乎旅游企业生存和发展的重大问题,旅游企业需要对此加以重点研究和规划。在对旅游企业公共关系管理的程序有所了解的基础上,详细具体地分析诚信问题与公关危机的关系、熟知企业危机的相关内容对旅游企业危机预警机制的有效构建有着十分重要的参考价值。

第一节 旅游企业公共关系管理的程序

旅游企业公共关系管理的主体是企业管理层,客体是企业,具体指前者针对后者展开的公共活动加以控制。旅游企业公共关系管理无疑属于企业管理的一部分,其目的是为企业的发展扫清障碍,保证企业拥有良好的外部环境,从而保障企业的生存和发展。旅游企业的公共关系管理是一项复杂的工作,离不开科学的规划和具体的程序,具体来说包括以下几个步骤:(1)公共关系调研;(2)公共关系活动策划;(3)公共关系活动的实施;(4)公共关系活动的评估;(5)社会公众关系的协调。

一、公共关系调研

常言道,知己知彼,方能百战百胜,要想有效管理企业的公共关系,首先就要了解企业的公共关系现状,通过各种方法和渠道对企业的公共关系进行调研。旅游企业公共关系管理的调研总的来说包括两个部分,即调查和研究分析。前者是指依托于一定的技术和手段对被调查者的各个方面有所了解并获取相关资料;后者是指在前者的基础上对已获取的资料加以分析、综合和推理,并且得出具有说服性的结论。前者是后者的基础和前提,后者是前者的继续和结果,在具体的旅游企业公共关系调研中,二者缺一不可。但这两方面在本质上又是有区别的,前者解决的是"是什么"的问题,后者解决的是"为什么"的问题,二者都是为后面的"怎么做"做铺垫。

(一)公共关系调研的作用

1. 了解形势,反馈信息

调研的难度并不亚于其他任何一项工作,其对旅游企业的公共关系管理人员提出了很高的要求。一个优秀的公共关系管理人员必须具有敏锐的辨别力和灵活的处理能力,能及时、准确、全面地搜集到各项信息,了解当前的形势,并且能够以自身独特的思维和视角发现常人难以观察到的信息,为旅游企业公共关系的管理提供丰富的资料。此外,还必须具备出色的分析和研究能力,对当前的资料加以细致的拆解和剖析,得出结论,做出反馈,针对目前旅游企业公共关系管理中存在的问题提出合理且有效的建议。

2. 吸取教训,减少失误

旅游企业公共关系的调研不是一个新的研究领域,因此相关人员在进行此项工作时可以借鉴其他企业或成功或失败的经验,并在总结自身经验和吸取教训的基础上总结出一定的管理规律,从而少走弯路,减少公共关系管理中的不确定因素。旅游企业公共关系调研的重点不仅在于尽可能全面地掌握信息,更在于对事态的发展进行预测,从而为采取一系列有效措施提供科学依据。

3.沟通观点,协调工作

旅游企业公共关系的调研是一个复杂的过程,其不仅涉及企业内部,还涉及企业外部,既是全面认识自身的过程,也是与外部进行交流、沟通的过程。作为一项涉外事务,旅游企业公共关系的管理离不开企业内外部诸要素的支持和配合,要想使企业调研顺利实施,就必须阐明来意,协调各方面关系,尽量得到企业内部各级管理人员和员工以及企业外部相关单位和人员的支持与理解,从而有利于加强彼此之间的沟通和促进各项工作的开展,甚至对企业形象的提升也大有帮助。

(二)公共关系调研的内容

旅游企业公共关系的调研大致涉及企业自身情况调研、企业相关公众调研、环境调研和竞争对手调研等。这里对影响企业生存和发展的环境调研进行着重介绍。

环境是企业调研必须掌握的内容之一。不管是内部环境还是外部环境,都以其不可控性和强大的破坏力对企业的生存和发展产生着巨大的作用,对企业的经营造成难以预料的影响。环境调研通常分为两个部分,即一般环境调研和具体环境调研。一般环境是从宏观角度来说,通常能够产生重大的社会影响,如政治形势、经济形势、军事形势等。具体环境是从微观角度来说,指旅游企业进行公共关系活动的具体地点和条件。毋庸置疑,环境对旅游企业的发展至关重要,对环境进行调研既有利于处理公共关系中的问题和防止产生危机,也有利于企业制定各项发展战略。

二、公共关系活动策划

公共关系活动策划是公共关系调研的后续部分,其以公共关系调研为基础,对未来公共关系进行设计。公共关系活动策划是公共关系管理程序中的第二个步骤,起着承上启下的桥梁作用,既依托于企业公共关系的调研,又对公共关系活动的实施起着纲领性和统筹性的作用,为下一步的行动确定具体目标和途径,从而保障旅游企业公共关系活动的顺利进行。

作为策划活动中的一种,旅游企业的公共关系活动策划与其他策划一样,都必须站在全局性的视角兼顾各个要素。主要的策划者必须做好质量把关工作,准确而全面的把握各项信息、各个方面,对其中的重点环节更要做细致的研究和评估。

公共关系活动策划并不是纸上谈兵,其真真切切地关乎旅游企业的实际操作,对企业产生了不可小觑的影响。在策划过程中,策划者的创造力是一项不可多得的能力素质,其是高质量的公共关系活动策划的奥秘所在。在策划过程中,创造力就是智慧的源泉,不断使策划者产生丰富的想象,提出不囿于常规的新想法,为旅游企业公共关系活动的策划注入新的活力。这种创造力还体现了策划者尊重科学、勇于突破和进取的精神,突出表现为思维和行为方式的发散性、独特性和适宜性。

在政治、经济、文化高度发展的今天,人们接触到的事物越来越多样,眼界越来越开阔,品味越来越高,在旅游企业营销和宣传的过程中难免出现雷同的现象,这就容易使旅游消费者产生视觉和听觉疲劳。因此,旅游企业公共关系活动的策划者要勇于打破禁锢自己思维的藩篱,突破常规,尽可能策划出别具一格的公共关系活动。这些活动不仅要具有丰富的形式,更要具有深刻的文化内涵,从而最终实现旅游企业的目标。

孟子曰:天时不如地利,地利不如人和。自古以来,中华民族普遍将天时、地利、人和看作成功的三要素,旅游企业公共关系活动的策划也离不开这三个方面。人和是指企业自身,地利是指外部环境,天时则是指时势、时机。旅游企业公共关系活动的策划者在开展策划活动时既要不断完善自身,又要对外部环境和发展趋势有所掌握,从全方位进行思考,抓住现实与事物发展的规律,审时度势,不逆潮流而行。审时度势即要求:

（1）抓住有利时机。旅游企业的策划者要选择恰当的时间对企业的公共关系活动进行策划，以出奇制胜的策略确保在时机成熟时制定和开展的活动能够取得最优效果。

（2）善于借势。旅游企业公共关系活动的策划不能脱离实际，也不能仅仅满足自身的要求，还要顺应环境形势和发展趋势，即可以借助于社会上有利的势头来扩大自身的影响力。例如国庆期间，旅游企业开展的公共关系活动可以乘着节日的喜庆氛围增强活动效果，从而营造出有利于公共关系发展的态势。

（3）制造时机。在调研的基础上，企业公共关系活动的策划者要尽全力发现问题并解决问题，为企业的发展扫清障碍、制造时机。在提出问题、解决问题、设定理想结果的过程中，公共关系活动的目标得以确定。

在确定了旅游企业公共关系活动的目标之后，便进入了实质性的策划阶段。企业首先要明确公共关系活动对象的特点、需求以及对企业的态度和印象等，便于对症下药。在进行旅游企业公共关系活动具体流程的规划时要在确保可操作的基础上对主题、方式、地点、人员、经费等进行明确。

三、公共关系活动的实施

在旅游企业公共关系活动实施过程中，劝服是一项经常性的重要工作。高层管理人员是企业生产经营的管理者，因此在公共关系活动执行的过程中为使旅游企业最高管理层接受公共关系活动策划的提案，需要针对他们做劝服工作。如果活动策划方案没有足够的劝服力，那么企业的决策者是不会认可的。为使相关公众产生认同与合作行为，还需要针对公众做细致的劝服工作。

旅游企业公共关系活动的核心是协调，这种协调不仅包括企业的利益，更包括社会公众的利益，在二者中公众利益处在一个更重要的位置上。公共关系活动的这一取向似乎与企业利益相悖，其实这只是一种表面的逻辑悖论。公众利益至上的协调机制有两个追求目标,一是公众受益,二是企业受益。在企业的公共关系活动中整个社会都会受益,其中公众是直接受益者,旅游企业是最终的受益者,社会是最大的受益者,我们应该清楚这些关系。

四、公共关系活动的评估

(一)准备阶段的评估

这一阶段主要是对旅游企业公共关系相关资料的充分性、合理性和有效性的综合分析。旅游公共关系活动分析评估的主要项目包括公共关系活动的相关资料和信息是否充分,所搜集的信息资料是否符合问题的本身、目标及媒介的要求,活动过程中各个方面的沟通活动是否在时间、地点、方式上符合目标公众的要求,对沟通信息和活动有没有对抗性的行为,活动的主题以及方案的选择是否是保障活动目标顺利实现的最佳选择,以及要检验信息的表现形式是否恰当、合理等方面的因素和内容。

(二)实施阶段评估

相对来看,在准备阶段进行评估其工作内容要简单一些,主要是涉及信息资料本身方面,而在实施阶段进行评估其工作内容要比较复杂,需要了解的容包括以下两方面:一是信息的接收和发送,二是信息被目标公众摄取和注意情况如何。在此阶段以检查发送信息的数量为开始,了解信息进入媒介的数量,确定信息被目标公众接受的数量是本阶段需要重点关注的。

(三)总结阶段的评估

评估在总结阶段其主要内容就是对旅游企业公共关系活动效果进行评估。其活动效果指的是对于每一个目标公众来说旅游企业公共关系活动的作用表现程度如何,主要表现为公众在认识、态度或者行动上发生一些变化,即主要注意到旅游企业的人的数量和因企业的公共关系活动而对旅游企业态度发生改变的人的数量。

五、社会公众关系的协调

旅游企业要进行公共关系协调的社会公众可以分为两个大类:一是旅游企业所在地的社区公众。这类社会公众和该旅游企业生活在共同的空间地域,因此,他们可以和旅游企业和旅游区之间产生各种相互关系。其主要范畴包含的范围比较广,包括旅游企业所在地的地方政府、社团组织以及当地居民。二是全社会的公众,也是广义上的社会大众。和第一类公众相比,社会大众和旅游企业所在地空间距离比较远,因此与旅游企业和景区之间的关联不大。

(一)协调社区公众关系

旅游企业面临的最直接的外部环境就是社区,其生存和发展与社区公众息息相关。一个良好的社区公众关系可以为旅游企业提供多个方面的保障,如人力保障、治安保障、基础设施建设方面的保障,因此,旅游企业要对社区公众重视起来,要做好与社区公众的关系维护。

作为享受经济社会发展成果的一类经济组织,旅游企业必须要承担社会责任。因此,旅游企业要增强社会责任感觉,在经营和管理过程中充分发挥企业的社会责任。在地区中,旅游企业是法人身份,为了维护自身的形象,做好与社区公众之间的关系,企业要严格遵守国家法律法规,重视培养企业的公德意识,在进行生产经营的过程中,要减少对社区公民正常活动的影响,旅游企业也要做好社区环境的保护工作。

旅游企业可以从以下方面入手来做好与社区公众之间的关

系：一是旅游企业要对社区内的公共事务或公益活动积极承担责任，要和社区一起繁荣和发展。二是企业要对社区公众进行回馈。旅游企业是社区的重要组成部分，在其自身发展过程中得到了社区的支持，因此，企业在获得利润后需要对社区进行回馈。三是旅游企业要积极投身于各项公益事业，树立企业的良好公众形象，这会使得社区公众对旅游企业有很高的评价，进而在进行旅游时会主动选择该旅游企业。

(二)协调广义公众的关系

虽然从现实来看，广义的公众与旅游企业发生直接联系的可能性比较小，但尽管如此，旅游企业也需要与广义上的公众打好关系。因为旅游企业的产品和服务的消费者是广义公众，企业做好与公众的关系，有助于提升自身企业的形象，从而促进旅游企业产品和服务的销售，进而提高旅游企业的利润。

要想做好与公众的关系，旅游企业可以利用的一个重要手段就是加强传播管理。旅游企业进行文化和形象传播时，无论是通过语言、文字、图像等哪种方式，都有助于提升旅游企业形象。这些传播方式主要有以下两方面。

(1)新闻发布会。这一方式通常是在旅游企业有重大的企业事务时来进行公共关系事项的维护，这些重大的企业事务主要包括开业及重大庆典，新产品、新景点、新旅游线路、新服务项目的推出，经营管理方针的改变，企业最高管理层人事变动，危机事件的善后等。在利用新闻发布会进行企业传播时旅游企业要选择一个适当的时机，要与将发生或已经发生的事件在时间上靠近，松紧结合，从而取得一个良好的传播效果。

(2)展览会。按不同的标准，展览会有不同的类型，如可以划分为室内展览会和室外展览会、固定展览会和流动展览会、商贸展览会和宣传展览会等。旅游企业在举办展览会的时候要注意以下几点：一是旅游企业的展览会在内容方面要准备充实，合理配置展览品，主题要突出明确。二是做好相关方面的宣传工作，展览会的内容要有针对性的准备。三是展览会要有专业的接待人员，主要是方便有客户来进行咨询时可以提供专业的业务和产品方面的知识，来尽可能地留住客户。四是在进行展览前要做好调查和评估，对有可能出现的问题做好充分的准备。展览会可以帮助企业进行自我宣传和推广，旅游企业要充分利用展览会来做好与公众关系的维护。

第二节　诚信问题与公关危机

一、旅游企业的诚信服务

(一)旅游企业诚信服务建设的内容

诚信也通常指信任、信赖，社会群体间的相互理解、相互包容、相互期望是建立诚信的基础。在社会建设以及现代经济建设中都需要以诚信为前提和基础。

旅游诚信服务，就是要在旅游企业经营的过程中，其相关人员要按照法律规定依法经营，要诚实守信，自觉遵守职业道德，对于行业公约和行业惯例要严格执行，要诚信经营，诚信服务。旅游诚信服务既表现了旅游地域和旅游企业具有良好的素质，也表现出旅游企业员工水平和道德素质良好，具有较高的思想觉悟。旅游企业实行诚信服务，其最终是为了提高企业员工的工作效率和服务质量，为旅游企业带来良好的企业口碑和企业形象，提升企业无形资产的价值，进而给旅游企业带来盈利。

旅游活动包括多个方面，如食、住、行、游、购、娱等等，因此在这个意义上说，旅游服务具有综合性，这就使得旅游诚信服务要从多个方面来进构建，主要包括以下几方面内容。

1. 积极促进旅游行业的自律工作

旅游企业在进行诚信服务体系建设的过程中,要将旅游企业的行业协会的主动性充分调动起来,要以旅游行政管理部门为指导,以旅游企业相关人员自愿参加为原则,遵循诚信自律、守信奖励、失信处罚的原则,制定旅游诚信经营、诚信服务的自律与互律的行规,签订自律承诺书,从而达到促进旅游行业的自律作用,使旅游企业和相关的服务人员自觉遵守纪律和公约,维护旅游者的合法权益,进而促进旅游企业的从业人员的正当利益,同时也可以有效避免不正当竞争、不讲诚信、服务不规范等不良行为。

2. 广泛开展旅游诚信服务活动

广泛开展旅游诚信服务活动可以从以下方面入手:一是政府主管旅游的部门要充分发挥好协调管理作用,提高旅游企业的服务质量,推动旅游企业的诚信服务建设。二是对于旅游企业的违法经营活动要进行严厉打击,虚假的旅游广告要进行清理,非法的中介活动也要对其进行打击。旅游团出境管理活动要加强,使旅游市场秩序得到进一步的规范。三是建设一个良好的旅游环境,要做好城市环境治理,维护好社会治安,景区景点以及接待设施要做好整治。四是要做好旅游企业服务人员的培训工作,要定期对旅行社领队和导游人员进行培训和指导,鼓励旅游企业诚信经营、旅游服务人员诚信服务,对有良好事迹的企业和个人进行表彰,从而不断促进旅游企业提高旅游服务质量。五是做好宣传,要做好旅游消费的相关宣传教育工作,可以制作一些"安全须知""消费提示""礼仪规范"等资料进行发放,对于旅游者的需求和消费要做好引导。

3. 认真做好旅游企业信息基础工作

认真做好旅游企业信息的基础工作是做好旅游企业诚信等级的认定工作的前提。旅游企业信息主要包括企业基本信息、诚信经营和服务信息、从业人员信息、投诉和处罚信息、司法信息等方面的内容,要建立健全相关信息方面的统计和归档工作,对于旅游企业经营部门及从业人员档案的定期公布制度要做好完善工作,保持旅游从业人员的合理流动,做好相关机制,要从多种途径为旅游者提供信息检索服务,如可以利用信用评价、信用档案、信用网站等,使旅游者掌握其旅游服务企业的相关信息,综合运用多种方式和手段对旅游企业经营活动进行监督,对于诚信的旅游企业要进行表彰,对于不良的企业要进行打击,做好旅游企业诚实守信氛围的营造。

4. 加强旅游企业诚信等级认定

加强旅游企业的诚信等级认定有助于提高旅游企业进行诚信经营和服务,因为旅游企业的诚信等级是旅游企业对社会的一个服务质量的承诺,做好等级认定,有助于旅游者在进行旅游时选择合适的旅游企业。旅游企业的诚信等级的确定,需要以旅游企业的经营和服务档案为基础,做好季度评价和年度评价,将两者相结合,然后综合运用定性和定量的方法对旅游企业的诚信进行考评。定性评价,主要是制定系统的考核评定标准,以不同的标准代表旅游企业诚信经营、诚信服务的信誉程度。定量评价,则是对旅游企业诚信经营承诺的内容、规范经营、从业人员管理、广告诚信状况、服务质量状况、投诉及解决情况等方面制定量化的评分标准,将两者结合起来对旅游企业的诚信等级进行综合评定。

5. 大力推进旅游诚信制度建设

做好旅游企业的诚信制度建设,需要从实际出发,也就是从旅游企业本身的特点和发展情况等实际出发,对旅游行业进行相关规范,制定好旅游服务的相关标准,进而推动旅游诚信制度的建设和发展完善。与此同时,也要建立和完善旅游企业诚信服务的相关机制,逐步建设好旅游诚信服务体系,这个体系应当具有规范的制度、健全的体系、有效的动作机制。在建设过程中,对旅游企业的资质等级评定机制和市场淘汰机制要不断进行研究和探索,一是要建立好联合执法机制,使旅游与相关执法部门做好信息通报;二是建立好问题处理机制,旅游者在旅游的过程中,会遇到各种突发问题,这就需要旅游企业事先做好应急预案机制和突发事件的处理机制来保证问题能够得到妥当的解决;三是做好管理机制,旅游企业在经营过程中要建立起诚信经营与服务的社会监督、信息发布、记录、评价、激励、惩罚的旅游企业诚信管理机制等。

6. 积极建立社会舆论监督机制

积极建设社会舆论监督制度有助于促进旅游企业诚信服务的建设。社会舆论监督制度是最广泛的监督制度,在进行监督机制构建时,旅游企业可以聘请各级人大代表、政协委员和社会各界人士作为义务监督员做好对旅游企业诚信服务的监督。可以通过对旅游者做调查以及对旅游企业和服务人员的诚信经营与服务进行明察暗访来充分发挥好社会的监督作用。同时,还要对旅游企业诚信服务加强宣传推广,做好相关方面的新闻报道,做好舆论引导,对个别旅游企业的不良诚信行为进行公开的通报和批评,在道德上进行谴责。

(二)旅游企业诚信服务建设的意义

1. 旅游企业诚信服务是旅游企业和谐发展的基础

诚信是一个社会经济发展的基础,是建设和谐社会的保障。旅游企业的和谐发展也离不开诚信这一基本的道德品质。旅游是一种无形的服务,它是专门针对人而提供的,旅游服务质量的好坏旅游者只能在旅游体验中进行感受,因此,评价旅游服务质量的重要标准就是旅游企业和服务人员能否按承诺提供相应质量的服务,这也是促进旅游业全面协调可持续发展的重要基础。

为了实现这一目标,促进旅游企业的和谐发展,因此需要旅游企业树立"以人为本""游客至上"的观点,调动一切积极因素来共同促进旅游企业旅游诚信服务体系的建设。这有助于提高旅游企业诚信经营、诚信服务的意识,加强旅游企业诚信经营,优化旅游环境,进而促进全社会和谐发展。

2. 旅游企业诚信服务是旅游经济发展的客观要求

现代市场经济也被称为信用经济。这就需要社会成员要讲诚信,按契约办事,从而来规避风险,进而保证社会经济的正常运行。因此,要想促进现代市场经济的发展,就需要做好诚信建设方面的工作。

旅游业是构成现代市场经济的重要部分,它是一种特殊性的服务行业,提供的是特殊产品,给旅游者在食、住、行、游、购、娱六大方面提供综合性的服务。与有形的物质产品比较而言,旅游服务具有消费内容广、经营门槛低、形式多样、需求弹性大等特点,这些特点就使得旅游服务质量的好坏要比物质产品复杂。因此,要想推动旅游业成熟,促进旅游经济的发展,就需要建设旅游诚信服务体系,要做到"诚实守信、合法经营,游客至上、优质服务,公平竞争、行业自律"等相关方面的要求。这既有助于促进旅游企业的发展,也有助于提高旅游业的整体水平。

3. 旅游企业诚信服务是现代旅游业发展的社会资本

在现代经济发展中,经济学家将生产要素按不同投入作为依据,将企业资本分为三大部分,它们分别是经济资本、人力资本和社会资本,并指出,任何经济产业生存和发展都需要以诚信为核心的社会资本为重要的生产要素。

旅游业作为经济产业的一种,其经营和发展也存在着以上三大部分。经济资本主要指的是具有经济价值的旅游资源、旅游活动和旅游设施等,在现代旅游业发展中,经济资本是最基础的部分。人力资本主要是指旅游企业员工的知识和技能,包括管理人员的经营管理能力、服务人员的服务技能和水平等,现代旅游业以人力资本为发展动力。社会资本指的是从整个社会诚信中产生的一种能力,即人们为实现共同目的而相互信任、相互合作的能力,在现代旅游业发展中,社会资本是其关键。

传统旅游业中,通常比较重视经济资本和人力资本,而往往忽视了社会资本的作用,在现代旅游业发展过程中,社会资本变得越来越重要,已经是影响旅游业健康发展的关键因素。因此,在发展旅游业时要重视诚信的作用,提高诚信的地位,加强旅游诚信相关方面的投入,提高旅游企业的诚信形象,这有助于保证旅游业得到健康持续的发展。

(三)旅游企业诚信服务建设的原则

1. 坚持旅游诚信服务建设与规范旅游经营活动相结合原则

通过规范旅游企业的经营活动,促进旅游企业依法经营、诚信经营,营造公平竞争的市场环境,在充分满足旅游者旅游需求的前提下,提高旅游企业的经济效益。

2. 坚持旅游诚信服务建设与提高旅游服务质量相结合原则

旅游企业应以诚信经营、诚信服务的旅游诚信服务建设主题,打基础、提质量、树形象、促发展,努力提高全行业旅游诚信服务的意识和水平,不断促进旅游业整体素质和竞争力的提升。

3. 坚持旅游诚信服务建设与加强旅游市场建设相结合原则

通过加强旅游市场的制度建设,促进旅游经营者创建旅游诚信服务体系,从而规范旅游市场秩序,对旅游服务进行质量监督,维护旅游企业和旅游者的正当合法权益,营造良好的旅游诚信经营和诚信服务的市场环境。

4. 坚持旅游诚信服务建设与提高旅游管理水平相结合原则

旅游企业的诚信服务建设,要充分发挥旅游行政管理部门的指导和管理作用,以政府旅游行政管理部门为指导,旅游行业协会为主导,旅游企业为主体,旅游从业人员为重点,从宏观上统一旅游诚信服务的管理、规则、标准和步调,同时还要充分发挥各地旅游行业协会、旅游企业的积极性和主动性,通过试点先行、以点带面、整体推进的方式,切实推进旅游企业的诚信服务建设。

二、旅游企业的公关危机

(一)旅游企业公关危机的内涵

旅游公关危机指的是在旅游活动过程中,发生的危及公共关系的时间,公共关系包括旅游企业、旅游者、旅游目的地居民、当地政府之间的相互关系,该事件对旅游目的地在公众心中形象造成的影响,对旅游企业的持续发展造成的威胁。

(二)旅游企业公关危机的分类

危机一般具有突发性、关注性、危害性、机遇性的特点。公关危机可以分为渐进性公关危机和突出性公关危机两大类。渐进性公关危机,指的是社会组织由于自身形象管理上的不善,或者由于对外部环境趋于不利于自身形象的信息麻木不仁,而产生的信誉危机,所以这种危机既是公关危机也是组织生存发展上的危机。突发性公关危机,往往是由突发性事件而导致的,因为突发事件的性质特点各不相同,所以公关危机出现的事件也各不相同。

(三)旅游企业公关危机的处理原则

1. 反应快捷

旅游企业在遭遇公关危机时,应该充分利用信息时代的通信工具与政府部门、传媒机构以及相关企业和协会建立一种动态联盟,在联盟内各企事业单位之间加强在信息、技术、资源共享等方面的合作,充分发挥联盟内各个成员的优势,在最短的时间内将公关危机扼杀在摇篮里。一般情况下,危机爆发后的 24 小时,对于旅游企业而言是至关重要的,此时,旅游企业必须对公关危机做出迅速的反应,才能向受害者、消费者、社会公众及新闻媒介将危机的产生原因和对危机的处理措施等做出解释,以尽快消除公众的疑虑。

2. 主动应对

危机事件发生时,旅游企业必将成为舆论和公众关注的焦点。一般而言,危机事件的负面信息所传播的速度往往与危机产生后果的严重性成正比,与危机事件的模糊性则成反比。因此,旅游企业在危机出现时就必须积极面对危机,主动应对,尽可能在最短的时间内阻断负面信息的传播,控制信息蔓延和扩散的速度及范围。这是挽救旅游企业声誉的首要原则,是渡过公关危机、重塑旅游企业形象的基础。

3. 尊重事实

当危机出现之后,旅游企业应该积极主动地通过大众传媒将全部真相向公众说明,绝不可以抱着侥幸的心理掩盖事实真相,或者企图大事化小、小事化了,蒙混过关,因为这只会导致公众的反感和媒体的穷追猛打,无形中必然延长危机曝光的时间,增加危机的破坏能量,使旅游企业蒙受更大的损失。

4. 态度真诚

消费者的利益永远高于一切,基于这种基本的认识,保护消费者的合法权益,减少受害者的损失,是旅游企业在公关危机处理过程中的第一要务。因此,公关危机发生后,旅游企业应及时向消费者、受害者表示真诚的歉意,必要时还应该通过大众媒介向社会公众发表致歉公告,主动承担责任,以尽可能地获取社会公众和舆论对企业的广泛理解与同情。在公关危机面前,旅游企业在公开场合切不可让公众产生企业只关注危机将会给旅游企业带来多大的损失、对危机的肇因只会百般解释、对危机的后果尽量推诿等负面的印象,这对于旅游企业解决危机将增加更大的难度。

5. 全员参与

旅游企业员工是企业信誉和品牌维护的主体,危机一旦出现,旅游企业员工自然也是危机处理的直接或间接的参与者。企业对危机事件的处理在很大程度上要依赖全体员工的共同努力。因此,企业在危机来临时应该将真实情况告知全体员工,让员工及时了解危机的处理方法,积极主动地参与危机处理。

发动全体员工参与危机处理,可以发挥企业员工的集体智慧和力量,可以使企业员工认识到危机处理的方法和应对的态度,真正做到心往一处想、劲往一处使,有助于旅游企业将危机事件处理得更加妥善和顺畅。此外,全员参与危机处理还能够使员工在危机中经受特殊的锻炼,有利于防止危机的再度发生。

6. 步调统一

公关危机爆发的突然性这一特征,必然导致旅游企业在处理危机时不可能面面俱到、滴水不漏。但是,有一点是企业必须做到的,就是保证各个部门在对外发布相关信息时的口径一致,否则,就会让公众认为企业是在掩盖真相、信口胡说,至少给人一种不诚实的印象,进一步降低旅游企业在公众心目中的地位。

7. 着眼未来

遭遇公关危机的冲击,是任何企业都不愿意面对的事情。但是,事物往往又具有两面性。旅游企业在处理危机的过程中,实际上也就是面对一个新的挑战。从另一个角度来看,危机使得旅游企业处于舆论报道与公众关注的中心,此时,如果处理得当,危机事件将是旅游企业展示和传播企业良好形象和品牌价值理念的难得的机会,甚至可能由于旅游企业在处理危机事件的过程中所表现出的诚信、务实、勇于担当责任、将消费者的利益置于企业的利益之上等良好的企业文化理念,使旅游企业形象在社会舆论和消费者心目中获得更大的提升。

旅游企业在处理危机的过程中,既要立足于企业的眼前利益积极处理危机事件的善后事宜,更要从旅游企业和品牌形象的长远利益考虑,绝不可因为着眼于企业眼前的利益而忽视甚至放弃对旅游企业的长远利益的追求。这就要求旅游企业在处理危机事件时要高瞻远瞩、胸怀宽广、勇于创新、大胆策划,努力将危机事件转化为一次难得的契机,使旅游企业在危机过后能够得到更多公众和消费者的认可与称赞,为旅游企业的市场拓展奠定坚实的基础。

(四)旅游企业公关危机的处理步骤

1. 成立危机处理中心,统筹协调

公关危机是旅游企业日常经营与管理计划之外的突发事件,显然,旅游企业以平时的常设管理机构来处理危机就不如临时组织专业的协作团队来应对危机事件更为有效。因此,在公关危机出现后,旅游企业应该立刻以危机预警系统中预先设置的人员为核心,迅速组成危机处理中心,全权负责危机善后事宜的协调工作。该中心一般可以下设调查组、联络组和宣传组等,以便各个小组有针对性地开展工作。

(1)调查组

调查组主要负责危机事件善后事宜中最基本也是最重要的危机肇因调查工作,这项工作的开展要求行动迅速、周密细致,对危机出现之后给旅游企业造成的损失情况,有可能进一步发展的

负面影响,造成危机的真正原因等基本情况,危机事件对消费者和公众造成的损失情况,以及危机事件所涉及的有关部门、企业的相关人员所应负的责任等,都必须在尽可能短的时间里,通过详细的调查和分析,尽快形成调查报告文本,以便危机处理中心据此做出正确的决策。

(2)联络组

联络组的工作任务较为烦琐,其主要的工作是负责接待和安抚在危机事件中受到伤害的消费者及其家属,向他们解释企业在危机事件处理过程中最新形成的相关政策。

(3)宣传组

宣传组的任务是及时向媒介和政府相关机构通报企业对危机事件善后处理的相关信息与决策内容。由于宣传组的工作在很大程度上影响着舆论和公众对危机事件的基本看法,因此,宣传组的成员一般都是以企业的高层管理人员和公关部门的人员为主,这样的人员设置既有助于信息在企业内部的及时传递,又有利于将企业的统一而有效的信息传递给媒体和公众。

2. 调查危机肇因,消除谣言

在危机爆发的初期,由于事发突然,传媒和公众对危机产生的原因、造成的损失、发展的趋势等都不太可能了解和把握,此时,社会上最容易出现各种谣言。对于旅游企业而言,就应该采取适当的行动,有效地遏制谣言的产生和传播。但是,要达到这一目的,则又必须了解促成谣言的各种因素,分析谣言的主观意图和可能的来源,以及谣言传播的范围和对公众的影响程度,在此基础上采取相应的措施。

调查并公开事实真相是遏制谣言的最有效方法。只有以事实为有力的依据,才能使谣言不攻自破。在查明危机真相之后,旅游企业应尽快将危机坦诚地向公众和媒体公布,及时向有关人士和公众开放必要的信息传播通道,并且勇于承担责任。如果企业查明社会上流传的谣言与事实完全不符,并有陷害者和竞争对手所操纵的证据,则可以通过法律手段为旅游企业恢复声誉。

3. 开展内部公关,动员全员参与

面对危机并积极开展善后事宜应该是企业全体员工共同参与的事情。因此,在危机发生之时,旅游企业应该通过内部动员机制动员全体员工一起参与到处理危机的过程中去,在各自的工作岗位上做好本职工作;同时,也应要求全体员工在与社会各界包括家人、亲戚、朋友等的交往中,能够自觉地传播维护企业利益的言论。

危机不仅使社会各界与消费者对旅游企业产生负面的情绪,还将直接冲击企业内部的相关人员。如果企业内部的信息传递不够通畅,员工对危机的来龙去脉不甚了解,很容易导致员工对企业失去信心,进一步加剧危机对企业的危害后果。因此,在危机出现时,企业必须做好内部的公关工作,使全体员工在逆境中上下一心、团结一致,共同努力帮助企业,也是帮助自己渡过难关。

4. 统一口径,主动联系媒体

媒体既是公众的组成部分,又是公众和企业之间的沟通桥梁,而且影响范围广泛,对公众舆论的导向起着重大的作用。在危机事件发生之后,新闻媒体对危机事件予以广泛深入的报道是媒体的工作和责任,旅游企业如果试图阻挠、限制媒体记者对危机事件的报道,只能让社会公众认为企业是在欲盖弥彰,其结果只能是搬起石头砸自己的脚。因此,旅游企业应该主动与媒体沟通,公开事实真相,引导传媒朝有利于旅游企业的正面方向报道,进而尽可能地降低事件的负面影响。[1]

---

① 田里. 旅游管理学[M]. 昆明:云南大学出版社,2004,第 109 页

【案例1】

双树酒店的危机公关活动

汤姆·法默(Tom Farmer)和沙恩·艾奇逊(Shane Atchison)是两名在西雅图工作的网络顾问,他们在美国的休斯敦希尔顿酒店的双树旅馆(Double Tree Club)预订了一个房间,信息显示已经预订成功。凌晨两点,他们去饭店登记的时候,虽然这是一个比较尴尬的时间段,但是他们还是比较放心的,因为已经提前预订好了房间,可以直接入住。可是,万万让他们没有想到的是,去了酒店在登记入住的时候,一位晚间值班的工作人员草草地告诉他们,酒店的房客已经住满了。他们两位不仅没有住到预定的房间,而且值班人员的轻蔑态度也有些过分,斥责了客人。

之后,他们离开了双树宾馆,紧接着用幻灯片制作了一个严厉又不失幽默的文件,标题命名为"你们是个糟糕的饭店"。文件的具体内容,是他们对于整个事件发生过程的详细描述,其中还包括与那名值班工作人员的沟通。法默和艾奇逊把这个文件以电邮的模式传给了酒店的管理层人员,与此同时,还给自己的几位朋友和同事也复制了过去。

很快,这份电子邮件就在世界各地传开,而且还被打印并复印了出来,分发到了美国各地的旅游区内。很快,双树宾馆事件传开,成了服务行业内最大的笑话,对于商务旅行者和度假者来说,也成了避之不及的住宿之地。针对这一事件,传统媒体的评论员们也把这个消息放入了新闻报道中,以此来讨论公司对待消费者的态度以及影响力。

法默和艾奇逊收到了很多邮件,其中有3000多封是支持他们的。由于事态严重,双树旅馆的管理层立刻做出相对的反应,向他俩道歉,与此同时,以他们两个人的名义捐献了1000美元向慈善机构,作为双树旅馆的道歉举动。不但如此,双树旅馆的管理层还做出了相应的承诺,针对旅馆进行重新修订员工的培训计划,避免再发生类似的事件。双树旅馆的一位高级副总裁还在直播网络上与法默和艾奇逊就此事展开讨论，以证明旅馆认真对待此事。

第三节　旅游企业危机的特征与影响

一、旅游企业危机的特征

(一)旅游企业危机的概念

旅游企业危机，就是指正常经营的旅游企业受到影响或扰乱之后出现的非预期性事件。多年以来，这类事件一直以各种形式在不断地发生，其中包括自然性事件，如洪水、飓风、火灾及火山爆发等；人为事件，如意外事故、犯罪、疾病等。由于在以前的几十年中，针对旅游者的恐怖袭击事件频频发生，一些恐怖分了对客机和游轮进行劫持，甚至是残忍杀害无辜的旅游者，导致旅游业受到很大的波动性。恐怖袭击，是一种恶意行为，目的是针对国家或地区的社会、政治和经济体系进行各种破坏。形式多样的旅游危机为旅游业的发展带来了一定的困难。

(二)旅游企业危机的种类

旅游企业危机根据不同的划分标准方式也各有不同。

(1)按动因划分：由于不可抗力大致的自然危机，如地震、洪水等；人为导致的自然危机，如恐怖袭击、民族冲突等。(2)按危机影响的范围可分为国际危机与国内危机。国际危机又分为全面性国际危机和局部性国际危机；国内危机可分为全面性国内危机和局部性国内危机。(3)按主要成因可划分为政治性危机，如国内政治形势的混乱、战争关系的不稳定等；经济社会性危机，如国际或国内经济秩序的动荡、恶化等；安全性危机，如流行病、恐怖袭击等;内部因素引发的人才危机、恶性竞争危机等。

形式多样化的旅游危机给旅游业的发展带来的负面影响是非常深远的。

(三)旅游企业危机的特征分析

1. 爆发的偶然性

旅游企业危机发生的偶然性,具体发生与否不能确定,什么时候发生也不能确定,以及发生的方式和后果都是难以确定的。旅游企业发生危机的偶然性特点,给那些进行相关的风险采集、认知和度量带来了一定的难度,况且旅游本身的特点也很明显,这就导致了危机爆发后,会使整个旅游企业受到巨大的冲击和影响。

2. 存在的客观性

旅游企业的危机,是一种不以人的意志为转移的客观存在,它是由自然界中存在的客观自然现象、社会现象和企业内部的原因引发的。旅游企业在发展的过程中与旅游危机是相互伴随的状态,像地震、泥石流、洪水等都是自然界运动的表现形式,但是这种运动破坏性较大,对人类造成了一定的影响,甚至威胁到生命、关系到财产损失,造成了各种自然灾害,除了对于人类的生存和发展构成了一定的威胁,给爆发地的旅游企业也带来了巨大的损失。自从人类社会形成以来,战争、瘟疫等事故就频频发生,自然运动、社会运动都受到特定规律的支配,我们只能运用好这些规律,减少伤亡与损失,但是不可能彻底消除相关的风险。

3. 发生的不确定性

旅游企业的依赖性很强,它进行的环境也难以确定。这种不确定性的特点具有复杂性和多元化,因而使得旅游企业自身无法对自己的未来进行准确预测,同时也无法对周围的环境的异常变化做出预知。而对于旅游者来说,生理和安全这两个因素是属于最低层次的需要。进行旅游活动的前提,就是必须使这两个因素得到一定的保障。同时,旅游者对旅游地的选择也是一样,他们首先会考虑到的因素就是安全和舒适。但是旅游危机发生的不确定性导致旅游者选择的波动性较大,进而使旅游企业的稳定发展有了一定的阻碍。

4. 表现的周期性和阶段性

旅游企业危机的爆发通常是有一定的周期性的。针对旅游企业危机的爆发情况,只能不断地进行深入的观察和反复的研究,才能掌握一定的爆发周期规律。它就如同生命周期一样,需要经历危机酝酿期、危险爆发期、危机处理期、危机扩散期和危机后遗症期这五个阶段。经过不断的长期研究观察表明,旅游企业危机的周期性和阶段性相对而言较为明显,不过差别就在于周期时间的长短。

5. 影响的相对性

无论是哪种危机,它所产生的损失都是相对的有一定的条件、暂时性和有限性的,同时还是在相互比较的情况下存在的,旅游企业危机也是如此。旅游企业危机的发生是在一定的自然条件或社会条件下才产生的,危机爆发之后,企业会受到一定限度的负面影响,主要表现在地理区域的范围及影响的广度、深度方面都有一定的限度。

二、旅游企业危机的影响

(一)对旅游企业发展的影响途径

造成旅游企业危机的外部因素有两种途径,而且它们对旅游目的地的旅游发展施加了一定的影响:一是对旅游目的地起直接性作用,通过损害相关的目的地在旅游者心目中的感知形象,对旅游供给市场造成一定程度上的破坏,对旅游需求造成影响,形成大的波动,最终使旅游企业的客源严重受到波及;二是作用于旅游客源地,通过影响客源地旅游者的经济能力、行为模式和心理预期,直接对旅游需求市场造成破坏,从而导致旅游企业的客源减少。

总体而言,旅游企业危机的影响机制如图 7-1 所示。下面分别从旅游企业、旅游目的地和旅游者三个方面来详细说明危机对旅游业造成的冲击。

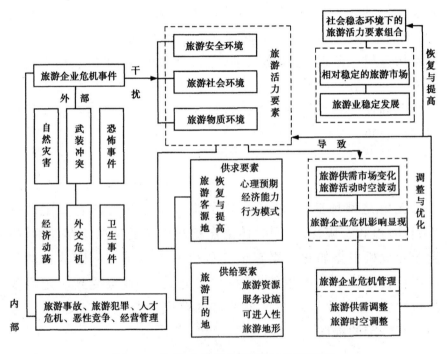

图 7-1 旅游企业危机影响的作用机制

1. 危机对旅游企业的冲击

旅游企业提供相关的旅游产品和服务。当危机发生以后,旅游者对旅游产品和旅游服务方面的需求会进行相关的取消和停止。旅游危机对旅游企业造成的严重影响主要表现为,因为旅游者的减少导致营业停顿或营业额下降,旅游设施和供给能力处于闲置状态,最终使得旅游企业面临经营困难的现象出现。由于旅游生产与消费具有同一性,即使旅游设施没有受到损失,旅游设施和供给能力也会因游客减少出现大量闲置,企业失去相关的客源,现金出现短缺,就会导致企业出现相关的财务危机。同时由于旅游产品和服务的不可储存性及旅游设施的难以转换性,危机给旅游企业造成的经济损失是非常严重的。为了相应的减少损失,旅游企业只能暂停营业或解雇员工,甚至面临宣告破产。

另外,由于现在我国的旅游企业大部分都是中小企业,规模相对而言较小,实力也非常弱,没有抵御风险的能力,如果没有政府或行业组织的相关扶持和优惠政策,旅游企业面临的经营风险将会更大。

2. 危机对旅游目的地的冲击

在短短的时间内,危机就会对旅游目的地造成十分消极的影响,如大量减少的游客数量、旅游收入也逐渐减少,最终破坏了目的地的相关旅游产业;如果从更长远的影响考虑来看,旅游目的地的形象也会受到一定程度的负面影响,造成旅游目的地对于游客来说不再有很大的吸引力。

旅游目的地形象,就是针对公众来说,对旅游地整体方面的感知、印象和评价的一个总和,也是对旅游地相关的历史印象、现实感知与未来评价相互结合的一种理性综合。人们对任何已知的旅游地都有一定的感知、印象和评价,这种感知、印象和评价形成旅游地形象,该形象客观地根植于人们的脑海中。旅游目的地形象对消费者的产品选择起到至关重要的作用。

3. 危机对旅游者的冲击

危机对旅游者最直接的影响,就是严重危害到旅游者的安全。危机的特点具有不可控性和旅游活动的相对集中性,对于旅游者来说,受到来自旅游危机的危害往往会非常的大,甚至涉及重大的人员伤亡和相关的财产损失。旅游危机不但对旅游者的安全造成了一定的威胁,还有冲击力的在一定程度上影响了旅游者的消费需求和旅游信心。危机的破坏作用会导致旅游者改变其行为,如取消或推迟旅游活动、削减旅游消费、寻找替代品等。

如 2007 年无锡发生了相关的水质危机后,对其旅游方面造成了一定的影响。多数境外团队在无锡的住宿提出取消甚至在行程安排中把无锡划掉,有些香港组团社给无锡的接待社发来传真,告知整个下半年在华东旅游线路中都不安排无锡这一站。由于危机的影响,无锡的形象严重地受到了损害,导致人们对无锡作为一个具有吸引力的、安全的游览和居住的旅游目的地失去了信心。当然,这种影响有时也是具有短期性和可逆性的,危机一旦结束,也可能会较快地恢复到常态,甚至会出现新的旅游机遇。

(二)旅游企业危机的具体影响

危机对旅游业的影响十分严重,会造成巨大的冲击力,甚至带来毁灭性。与此同时,因为旅游业本身是一个综合性企业,有着非常高的关联程度,而六大要素行、住、食、游、购、娱又都涉及社会生活中的方方面面,因此,社会、经济等各方面也会受到旅游危机的影响产生联动效应。

合理的分析危机对旅游业造成的影响,可以使我们采取正确的措施来及时应对旅游过程中出现的危机,消除相关的不利因素,并使旅游业态尽快恢复到正常状态。旅游危机的影响主要表现为危机增加失业率、旅游者预期心理改变和影响其他相关行业等。

1. 旅游危机增加失业率

有关社会发展规律显示,社会经济发展程度越高,服务业的就业人口与产值的比重就会越大。由于旅游业属于劳动密集型产业,因此,解决就业问题会起到相当大的作用。就发展中国家来说,劳动成本偏低,因而旅游业对就业人数的作用相对来说要高一些。一旦发生旅游危机,就会严重导致相关的旅游行业现有从事人员面临失业,最终使就业压力大的问题凸显,同时连带其他与旅游业相关的部门人员也遭遇失业的状态。2001 年的"9.11"事件之后,美国的旅游业在短短的一年之内丧失了 345000个就业机会。

2. 旅游者预期心理改变

旅游者普遍不愿意承担危机所带来的灾难性后果,当危机发生时,旅游者的心理将会发生大的变化,在某些媒体的特殊宣传效应下,会导致人们对那些几乎绝对不可能发生的事情夸大为极有可能发生,从而影响到旅游者做出相关的旅游决策。

3. 旅游危机影响其他相关行业

对于旅游业来说,它与许多产业的联系都是密切相关的。旅游业危机出现,不但对旅游市场会造成直接的影响,使其相应的市场呈直线下降状态,同时还会波及相关产业的经济效益和社会效益,对旅游业在一个时期内的持续稳定发展状态造成巨大影响。旅游业的发展是双向性的,它既受制于其他行业的发展状况,同时也会对其他的产业发展造成一定的影响。危机的发生会使旅游行业出现萎缩,同时连带为旅游业提供供给的上游部门和依靠其发展的下游部门的需求也将会出现萎缩的现象。

【案例 2】
恐怖事件对旅游业的影响

下面我们以美国"9.11"恐怖事件为例来进行分析。

2001 年 9 月 11 日美国遭受恐怖袭击大事时间表(来源:中国日报网站)。

美国东部时间 9 月 11 日上午(北京时间 9 月 11 日晚上),美国纽约和华盛顿及其他一些城市先后遭到恐怖袭击,下面是有关遭受袭击的大事记(以下时间为美国东部时间)。

8 点 45 分:一架从波士顿飞往纽约的美国航空公司(American

Airlines)的波音 767 飞机(航班号 Flight 11)遭到挟持,撞到了纽约曼哈顿世界贸易中心南侧大楼,飞机"撕开"了大楼,在大约距地面 20 层造成滚滚浓烟,并发生爆炸。

9 点 03 分:又一架小型飞机以极快的速度冲向世贸中心北侧大楼。飞机从大楼的一侧撞入,由另一侧穿出,并引起巨大爆炸。两起爆炸可能造成了数千人伤亡。

9 点 20 分:美国总统布什发表讲话称,美国正遭到恐怖分子袭击,美国政府将对飞机失事原因展开全面调查,另外他宣布世贸中心遭袭击是一个"国家灾难"。

然而,在 9 点 40 分,美国国会山也发生了爆炸,浓烟滚滚。9 点 45 分位于首都华盛顿中心的美国国防部五角大楼遭飞机撞击,并发生大火。

"9.11"事件对美国旅游业的影响主要有以下几方面。

(1)"9·11"恐怖袭击事件发生后,从美国的佛罗里达到法国的巴黎,到东南亚乃至世界许多的著名景点,跨国旅游呈现出一片萧条的景象。迈阿密和劳德代尔堡是佛罗里达两大著名的风景游览胜地。前者在"9·11"事件后一周内,酒店入住率直线下降至 30%～40%,而去年同期的入住率却高达 70%;后者在同一周内,旅游业据估算损失大约 5000 万美元。劳德代尔堡旅游官员做出了相关的预测,在未来几个月甚至是更长的一段时间内,当地的旅游业都不会见得出现好转的趋势,他们将"不得不对(旅游业的)衰退提前做好相关事宜的准备"。

(2)著名的迪斯尼乐园在袭击事件发生后,游客数量也急剧下降,当地成千上万从事旅游业的人失业。加州政府当时宣布了一项总额 500 万美元的广告宣传计划,希望能够吸引人们重返加州旅游观光,但是专家估计,当时美国旅游业的低迷状态仍将持续相当一段时间。

(3)美国加利福尼亚州的拉斯维加斯是世界上著名的赌城和旅游城市,也是美国旅游业的晴雨表,但现在,这里的旅游业正处于有史以来最糟糕的时期。由于游客稀少,目前已经有一家赌场申请破产,而其他好几家娱乐场所也正面临关门的危险。过去,每年9月都有大批游客前往该城市,当地酒店入住率能达到90%。但有关官员估计,在"9.11"恐怖袭击事件之后的第一个周末,拉斯维加斯的酒店入住率只有大约70%。

(4)美国一家专门从事旅游分析的公司指出,往后的几个月,全美国的酒店入住率大概会达到每个月降大约8个百分点,而这种走势有可能持续到次年的第三个季度才会结束。就连被称为全世界最大的旅游行业联盟的"美国旅行社协会"也不得不对美国的旅游现状感到忧心。协会主席理查德·科普兰做出相关的表示,这是旅游业"自诞生以来"经历过的"最恐怖、最骇人的事"。

第四节　旅游企业危机预警体系

一、旅游企业危机预警系统概述

(一)危机预警系统的内涵

危机预警系统主要是指运用现代的科技手段和先进的技术水平对行业造成的危机进行预警指标的设定,通过信息来源的收集和及时反馈的警讯,之后通过对危机的识别、分类、分析之后做出正确的判断,然后根据判断的结果采取之前所设定好的解决方案进行运行解决危机。旅游企业的特殊性质决定了危机预警系统的重要性。

预警主要是用来提示某种状态已经偏离了预警线,发出预警信号的一种过程,预警具有动态性、先觉性和深刻性的特点。通过预警信号的发射,让工作人员能够更好地了解危机情况,及时做好处理危机的准备。

(二)旅游危机预警系统的结构及其运行

危机预警系统和危机管理系统前后相接共同组成危机预警机制,预警系统通过感知收集外部信息,并通过自身系统分析危机,危机管理系统则按照预警系统提供的信息分析制定对策并具体实施,可以说是预警系统的延伸,也是预警机制中最终目标实现的基本保证(图 7-2)。

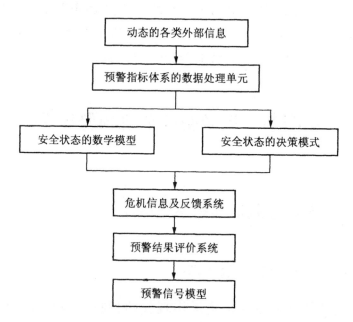

图 7-2　旅游危机预警管理系统的结构及其运行

二、建立我国旅游企业危机预警体系

我国旅游企业的发展在未来将会难以避免地受到各种各样危机的冲击,这就要求我们要时刻警惕可能面临的旅游企业危机,最佳途径就是做好充分准备,从我国目前的实际情况出发,依据旅游企业危机管理的基本原理,努力整合各种资源,充分发挥各级政府、各种行业及各类人员的作用,制定科学、周密的应急预案,构建起由国家层面、行业层面、企业层面和公众层面四位一体的我国旅游企业危机的立体化预警体系。这个立体化预警体系能够针对不同层面的旅游企业危机,迅速有效地启动相关的应急处理机制,将危害减少到最低限度(图7-3)。

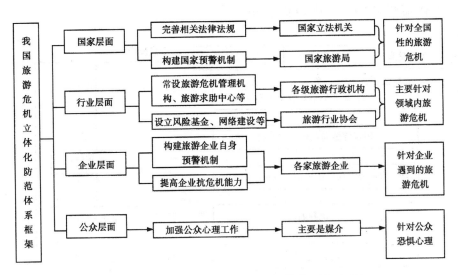

图7-3　我国旅游危机立体化防范体系框架图

(一)完善相关法律体系

法律体系在处理各类危机时都是有很大的作用的,在旅游预警体系中也同样适用,也是在法律体系中必不可少的。当法律可以有效地保护旅游业的发展,阻止一些旅游犯罪和意外事故的发生,都会给旅游业带来好处的。各种出现犯罪的行为虽然看起来和旅游业没有关系,但是却会影响旅游业的稳定发展。当出现特殊的问题或者类似于SARS等大型的危机突发事件,只有在法律体系完善的情况下,才能将此危机在出现的萌芽阶段中解决,从而对于旅游产业来说冲击力就会减小。

(二)构建国家预警机制

根据危机的生命周期理论,旅游企业的危机产生也存在着一个潜伏时期。当前国家应该在法律体系的完善上面建立一种应对风险危机的法律制度,政府部门主管应该是建立国家预警机制的主体。国家旅游局首先应当成立关于旅游企业危机的预警管理机制,并且专门负责关于全国各地爆发的突发危机事件的分析、整理,并提出可行性的意见和解决措施。具体的各个部门的工作流程从图 7-4 中可以看出。

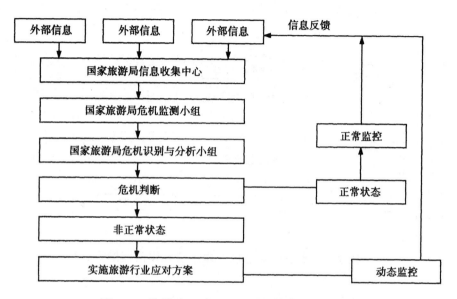

图 7-4 旅游企业危机国家预警机制示意图

国家旅游局信息收集中心负责出现的各种外界因素的发生原因的分析、调查并整理,之后收集整理的信息及时送往国家旅游局危机监测小组,并由危机监测小组进一步的对资料进行分析收集整理,送往国家的旅游局危机识别分析小组,适时的对出现的问题进行检测,并判断出现的问题是否属于正常的情况状态,在进行正常的处理办法,如果出现的是不正常的现象,就要及时采取有效的管理措施,将收集反馈的消息传递给相关的部门进行处理。

(三)制定行业应对预案

在制定旅游企业危机预警体系的过程中,首先需要对危机出现的原因进行识别,并且有效的制定对于危机出现时如何防范与处理是至关重要的。当国家预警机构识别分析后,对于出现的问题就会采取相应的措施,该行业应对预案主要包括以下一些主要内容:(1)建立关于旅游业危机管理的机构部门(图 7-5);(2)在旅游中心建立危机处理中心;(3)加强旅游协会和组织的职能性;(4)成立旅游风险基金机构;(5)加大网络对于旅游业信息的建设;(6)对于旅游信息的完善。

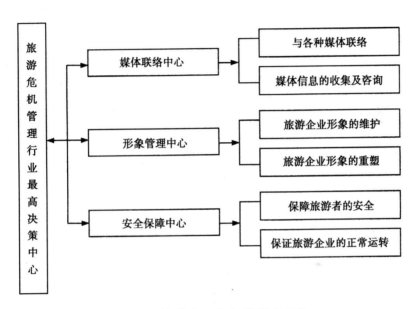

图 7-5 旅游企业危机的管理机构

(四)构建旅游企业自身的预警机制

根据危机顾问观念,对于企业增强自身的免疫力的重要手段是进行旅游业的自身预警系统的建立。对于旅游企业来说,自身应当通过各种途径进行积极的加强风险预警的建立,将风险出现的初级阶段就进行制止并扼杀在萌芽期,避免潜藏的危险给企业带来的危害。旅游企业的预警系统主要由以下三个子系统组成。

1. 信息子系统

信息子系统主要是负责旅游企业的内部信息与外部信息的

沟通,对信息加以了解分析,通过危机监测部门对各种出现的危机进行排查,并实施解决的办法,最后传达到危险识别和分析系统中去。在对旅游企业的危机处理过程中,信息子系统还包含对外界的传达,将企业的各项风险应对措施传递给与利益相关的群众及媒体,一定将风险危机控制在企业旅游可以接受的范围内。旅游企业信息的收集过程可以是通过企业的员工、旅游组织者、与企业有关的旅游企业来收集,也可以从国家政策的各个方面着手。

2. 决策子系统

决策子系统主要由危机分析和预警分析两部分组成,主要的功能是接受信息系统的分析之后做出的判断,断定危机是否存在,之后决定危机的处理方法。决策危机处理系统是由专门的旅游业执法部门组成的,通过对信息发出后进行的甄别、对比,是否符合该企业的决策制度,对于突发的事件应当采取紧急措施的时候,应当立即的进行运作反馈,迅速的采取紧急预案。

3. 运作反馈子系统

运作反馈子系统是企业主要的运作中心,具体包括对风险信息的采集、方案的实施等信息反馈分析。当企业出现风险危机时,企业的决策子系统对风险进行判断,企业是否能够处理出现的风险危机,再通过运作反馈子系统的高速运转,对企业采取应急措施。当问题处理之后,运作反馈子系统会重新反馈给决策子系统,再返回给信息中心,最后再由决策中心指挥,做出最后的方向(图7-6)。

(五)提高旅游企业抗危机能力

一个旅游企业的发展过程中会出现各种的风险危机,不论风险的大小都会影响企业未来的发展,因此,企业在发展的过程中必须提高企业的抗危机意识。具体可以通过以下几个方面来提升旅游企业的抗危机能力。

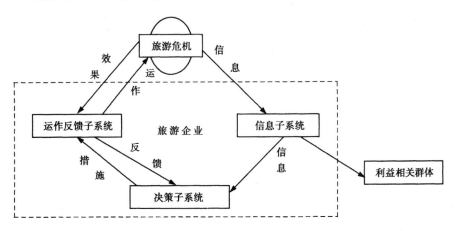

图 7-6　旅游企业自身预警机制示意图

1. 加快新产品的开发和产品结构的升级

从我国现在旅游企业的发展现状来看,我国的旅游企业正处于发展的需求阶段,旅游商品的供应是很缺乏的,这也是旅游产品趁机转型的关键时期,很多旅游产品的出现都集中针对周末度假和"黄金周"。在集中消费的趋势下,能够实现大体的均衡,但是目前的产品也已经无法满足消费者的需求,由于现在消费人群的扩展,消费者的心理也日益成熟,选择能力逐步提高,旅游的目的和心理也发生了根本的改变。更多的旅游者把旅游当作一种养身、保健的生活模式,已经不再盲目的追求"流行"。像一些自由性的旅游模式、小团队的个性定制旅游模式就很受消费者的欢迎,旅游企业应该根据消费者的需求变化不断开发新的产品,从以前旅游产品的价格战转移到产品研发上,从而也能够减少人为的旅游危机发生时的应对能力。

2. 加强旅游企业的横向联系

由于我国的旅游企业之间应对危机的能力较差,所以现今的旅游企业还是没有大规模的经营,集中化程度还是比较低的。为了更好地发展我国的旅游企业,应当加强企业的抗危机能力,各个旅游企业之间应当加强联系,提高共同的核心竞争力,在企业出现危机的时候能够应对,加强横向联系,确保企业能够安全度过危机。

3. 改变旅游高度集中消费的模式

通过调整我国的假期制度,使人们不会集中的进行旅游,这样有助于旅游业多元化的改变与各个地区旅游业的推进,通过时间上的改变,客源多元化的改变,调整我国的旅游业在假期客源的冲击性,逐步改善旅游业集中消费的模式,积极推进旅游业空间的发展。

(六)加强公众心理工作

安全是消费者在旅游过程最重视的部分,也是旅游企业必须做到的最基本的要求。根据马斯洛的需求层次理论(图 7-7),从图中可以看出,安全需求是第二层次的需求。从旅游的消费者来说,旅游都是从一个熟悉的居住地到一个陌生的旅游景点,在体验异地生活的同时,由于对城市环境不熟悉,心理缺乏一定的安全感,所以安全就是首要需要解决的心理需求,如果安全都得不到保证,那么旅游的休闲功能更无从说起。所以说旅游安全是旅游者能够安心旅游的基本保障,能够让旅游者放心的融入异地生活中,真正感受旅游所带来的愉快和舒心。因此,安全是一个旅游城市所具备的基本条件,也是旅游业发展的关键因素。

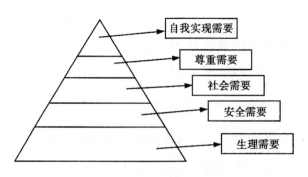

图 7-7 马斯洛的需求层次理论

【案例3】

上海春秋国旅的"非典"处理行程

上海春秋国旅是一家大型的综合性旅游企业,其境内业务连续九年位居全国首位。2003年时,与国内大多企业同行一样,旅游企业迎来了历史上最大规模的时期。可是,当世界卫生组织宣布关于"非典"疫情的消息后,旅游公司经营出现了异动,公司针对白领的市场开发的一些旅游产品出现了滞销迹象。各个高端的旅游产品的销售量逐渐降低,甚至更多。公司法人立即着手关于"非典"疫情的分析,以及会给公司旅游企业带来的危害进行了了解,并紧急的对市场被"非典"疫情的影响进行措施实施。就在大多数旅游企业依旧高价销售旅游产品时,春秋国旅抢先实行紧急措施应对"非典",为化解危机争取了时间。

措施1:48小时收款制度规避"三角债"

"三角债"是国内旅游业的顽疾,一家旅行社存在几百万几千万的"三角债"的现象是司空见惯的。为了有效处理企业面临的"三角债",春秋国旅企业制定了一套"48小时收款制度":通过网络销售的旅游产品要求入网48小时内收款;票务中心下属的业务部要求24小时内收款;春秋国旅的入境部、华东部都规定"先收款,后做团"。在危机出现的时刻,要解决危机,就要投入大量的人力、物力、财力,即使风险危机已经解除,并不是所有的款项能够全部收回来,面对"三角债"的问题同样会将旅行社拖垮的。此外,一旦出现更大规模的税款问题,很可能会出现一些小型的旅行社恶意破产并逃避债务的情况出现。春秋国旅在处理这类问题上面进行了改善,对于制度的执行力度不断加强,一旦出现不执行此项制度的人员严格处置,严重者一律开除处理。在这种制度的大力执行下,春秋国旅在处理问题上及时,措施得力,不但收回了大量的资金,并且避免了破产的危机。

措施2:断然舍弃短期利益

在"非典"疫情出现的时期,春秋国旅与全国的旅行社共同分析了这次疫情可能造成的严重性;在商量后确定"非典"造成的损失,以及派遣所有工作人员前往因为疫情的出现造成的问题,以及解决方案。在当下出现的情况下,即使是出现不赚钱的结果,也要将全国各个旅行社的机票尽快售出,将要出现的损失减少到最低,这样的措施使得公司包下的多数航班在航线停退前都已卖掉99%的座位。对比其他的旅行社,在疫情严重后,才有所察觉自身手中的机票已经出现滞销,即使是要求航空公司停飞,也已经造成了严重的后果,损失惨重。春秋国旅总经理王正华说,停退包机、降价出票给旅行社造成600多万元的经济损失;但如果当时顾惜眼前利益,整个旅行社的潜在损失将超过1亿元,企业将被逼入死亡的边缘。不能只考虑短期的利益损失,而是要将企业未来的发展考虑进去,舍弃小的,将会赢得大的。

参考文献

[1]郜宣.旅游企业管理理论与实务研究[M].北京:社会书籍出版社,2014

[2]王慧.旅游企业战略管理[M].北京:北京大学出版社,2012

[3]夏林根,张懿伟,王立龙.旅游企业管理[M].上海:上海人民出版社,2012

[4]刘锋华,唐环宇.旅游企业管理实务[M].北京:经济科学出版社,2012

[5]吴思.旅游产业信息化创新的理论与实践研究[M].武汉:武汉大学出版社,2010

[6]周贺来,王彬.旅游企业信息化管理[M].北京:中国水利水电出版社,2009

[7]董观志,梁增贤.旅游管理原则与方法[M].北京:中国旅游出版社,2009

[8]朱明芳.旅游企业品牌管理[M].北京:旅游教育出版社,2007

[9]王晖,于岩平.旅游企业客户关系管理[M].北京:旅游教育出版社,2005

[10]黄翔.旅游节庆与品牌建设:理论·案例[M].天津:南开大学出版社,2007

[11]梁明珠.城市旅游开发与品牌建设研究[M].广州:暨南大学出版社,2009

[12]郑向敏,韩军.旅游企业管理[M].重庆:重庆大学出版社,2008

[13]李江风.旅游信息系统概论[M].武汉:武汉大学出版社,2003

[14]肖江南,马惠萍.旅游业信息系统管理[M].福州:福建人民出版社,2004

[15]王谦.旅游管理信息系统[M].重庆:重庆大学出版社,2006

[16]王真慧.旅游信息系统管理[M].杭州:浙江大学出版社,2007

[17]周勇,胡静主.旅游管理信息系统[M].武汉:华中师范大学出版社,2008

[18]赵西萍.旅游企业人力资源管理[M].天津:南开大学出版社,2005

[19]陆慧.现代饭店管理概论[M].北京:科学出版社,2005

[20]董观志,白小亮.旅游管理原理与方法[M].北京:中国旅游出版社,2005

[21]邹统钎.旅游危机管理[M].北京:北京大学出版社,2005

[22]叶秉喜,庞亚辉.考验:危机管理定乾坤[M].北京:电子工业出版社,2005

[23]李宝明.旅游企业管理[M].北京:经济科学出版社,2004

[24]张公绪.新编质量管理学[M].北京:高等教育出版社,1998

[25]何建民.现代酒店管理经典[M].沈阳:辽宁科学技术出版社,1996

[26]魏卫,邓念梅.旅游企业管理[M].北京:清华大学出版社,2006

[27]王大悟,魏小安.新编旅游经济学[M].上海:上海人民出版社,1988

[28]斯蒂芬·P·罗宾斯,大卫·A·德森佐.管理学原理[M].大连:东北财经大学出版社,2004

[29]哈罗德·孔茨,海因茨·韦里克.管理学[M].北京:经济科学出版社,1998

[30]德克·格莱泽著;安辉译.旅游业危机管理[M].北京:中国旅游出版社,2004

[31]何建民.旅游现代化开发经营与管理[M].上海:学林出版社,1989

[32]张公绪.新编质量管理学[M].北京:高等教育出版社,1998

[33]佘从国,席西民.我国企业预警研究理论综述[M].北京:工业企业管理出版社,2003

[34]薛澜,张强,钟开斌.危机管理[M].北京:清华大学出版社,2003

[35]林壁属,郭艺勋.饭店企业文化塑造[M].北京:旅游教育出版社,2007

[36]刘光明.企业文化[M].北京:经济管理出版社,2006

[37]陈永发.旅行社经营管理[M].北京:高等教育出版社,2003

[38]王缇萦.旅行社经营与管理[M].上海:上海人民出版社,2006

[39]李天元.饭店与旅游服务业市场营销[M].北京:中国旅游出版社,2002

[40]宋刚等.旅游市场营销[M].北京:首都经济贸易大学,1999

[41]陶莹.略论旅游企业文化建设[J].商场现代化,2014(32)

[42]杨静海.旅游企业财务问题初探[J].旅游纵览,2015(2)

[43]陈国元.知识经济背景下旅游企业管理及其创新性研究[J].现代经济信息,2011(12)

[44]于成国.危机环境下旅游企业管理柔性问题研究[J].财经问题研究,2010(06)

[45]知识管理在旅游企业管理中的探索[J].商场现代化,2011(02)